ウッツォンの窓の家

マヨルカ島の《キャン・リス》をめぐる断章

和田菜穂子[文]　山田新治郎[写真]

彰国社

幸福について

スペインのマヨルカ島で私たちは独自の暮らしを貫き通しました。
たとえデンマークやイギリスから友だちが訪ねてきたとしても、
子どもたちがやってきたとしても、自分たちの暮らしぶりを変えませんでした。
私たちは大自然に囲まれた人里離れた地に暮らしていました。
周囲にある自然が私の最も身近な親友となり、創造の源となり、
いつもひらめきを与えてくれました。

毎日、海や空は幸福をもたらしてくれました。
ここでは、事前に組まれた予定などを気にせず、誰にも邪魔されず、
静かに過ごすことができたのです。

私は、人がうらやむような人生、刺激的な生活を送ってきました。
興味深い人との出会いも数多くありました。
創造的な仕事も行いました。
私は自分の人生にとても満足しています。

しかし私が最も誇りに思うのは、自分の妻と子どもたちです。
彼らの存在が私にとって最も幸福なのです。

ヨーン・ウッツォン
(訳:和田菜穂子)

Weekendavisen に掲載された記事
(Utzon & Utzon Center Aalborg : The joy is not in owning- but in creating, P15)

ウッツォンによる窓のイメージスケッチ

ヨーン・ウッツォンとは？

ヨーン・ウッツォンとは誰かを説明する時、「20世紀を代表する最も美しい建築《シドニー・オペラハウス》の設計者」と語られることが多い。たとえ訪れたことがなくても、ヨットの帆をいくつも広げたような形である、誰しも頭に思い描くことができるくらい世界的に有名な建物である。国際コンペがあった1956年当時ウッツォンは弱冠38歳、まったく無名の建築家であった。1等を獲得したが、一躍世界のトップアーキテクトの座に躍り出る。1973年《シドニー・オペラハウス》は完成し、オーストラリア最大の都市シドニーの新しいランドマークとなった。その美しい住まいは訪れる人々に感銘をもたらし、伝説的な建物と位置付けられている。しかし実際のところウッツォンは建設途中で設計者を解雇されていることはあまり知られていない。夢のような美しい構造を現実のものにするには、技術的な難題をいくつも解決せねばならず、当初の予定をはるかに上回る時間と建設費を要した。言い換えれば、ウッツォンの天才的なひらめきやアイディアを実現するには、当時の構造技術が追いついていなかったのだ。しびれを切らしたオーストラリアの政府は、ウッツォンを解雇し、ウッツォンは家族とともにシドニーをあとにする。安住の地として選んだのがスペイン・マヨルカ島だった。

ウッツォンは新任後、「不運の建築家」のレッテルを貼られた。しかし本当に「不運」だったのだろうか。私の答えは「ノー」である。オペラハウスの存在感は地味ではなく、むしろ歓迎をとらえたい。結果として《キャン・リス》という素晴らしい住まいが生まれたのだから、「失敗が次の成功を生む」とはまさにこのことである。

ウッツォンはマヨルカ島の片田舎に立ち、決心したのだろう。ここを再出発の地にしたいと。彼は原点に立ち返り、《ベベックの自邸》で試みたように、自らが施工者となって、地元の石を一つひとつ積み重ね、原始的なプロセスで家をつくり上げた。石の一つひとつは彼自身の強い想いのように思える。小さな家ではあるが、大きな夢を持って、完成に至った住まいである。彼の自由な発想が実験の痕跡として随所に溢れている。

3

はじめに

小さな家　大きな夢

スペインのマヨルカ島にヨーン・ウッツォン（1918 – 2008）が暮らした家がある。その名は《キャン・リス》。妻リスのために設計した住宅である。《キャン・リス》はマヨルカ島の南東部の閑静な別荘地にある。地中海に面した断崖絶壁に位置し、通り過ぎる人や車もまばらで、波の音、鳥のさえずり、木々の葉音が見事なシンフォニーを奏でている。

「私もいつかその風景をこの目で確かめてみたい」
ウッツォンの作品集のページをめくりながら、ずっと胸に抱いていた私の夢である。《キャン・リス》はどの部屋もすべて海に面しており、大きなガラス窓の向こうには紺碧の海と空が広がっている。ウッツォンの眼は何をとらえ、その心に何を映したのだろうか。

私にとってウッツォンは、北欧らしくない建築家だった。デンマーク国内にある《ヘレベックの自邸》、《キンゴー・テラスハウス》、《バウスヴェア教会》などを訪ね、実際に建築空間を体験して、そう感じていた。彼の自邸《キャン・リス》が建てられたのは、《シドニー・オペラハウス》の設計者を解任された後のことである。失意のウッツォンは祖国デンマークには戻らず、どこか温暖な地で、愛する家族と平穏に暮らす安住の地を探し求めていた。行き着い

たのがスペインのマヨルカ島である。風光明媚な土地を選び、地元の荒い石を用い、それを積み上げ、時間をかけて、そして愛情を込めて、小さな家を建てた。それはまるで鳥が巣づくりをするようなプロセスだったに違いない。こうして妻の名を冠したセルフビルドの実験住宅がつくられたのである。

私が念願の《キャン・リス》に滞在したのは3週間。ウッツォンに想いを馳せ、静かな日常生活を送った。本書はその個人的な追体験がもとになっている。「自然との対話」——光と影の戯れ、風が通り抜ける道、空と海と大地との交信、石・ガラス・木等の自然素材とのふれあい——。ウッツォンが体験したに違いない、周囲の自然との豊かな交わりがそこには用意されていた。中でも私の心の目に強く焼き付けられたのが、海に面した「大きな窓」である。テレビがない家では、窓から見える光景が重要な情報源となった。窓から差し込む光によって時間の推移を推し量ることもできた。

全身で太陽の光を感じ、自然とともに過ごした3週間。私は「窓」に注目し、そこからウッツォンを読み解いていった。ウッツォンは窓の向こう側に、水平線の彼方に、何を見ていたのか。彼の人生のターニングポイントとなった《キャン・リス》。彼が窓越しに見ていたのは、次のステップに進むための大きな夢だったのか。本書を通じ、ウッツォンが見ていた「窓の向こうの世界」を私なりにたどってみたい。

和田菜穂子（文）

山田新治郎（写真）

はじめに　小さな家　大きな夢　4

[第1部]　ウッツォンの小さな実験住宅《キャン・リス》

0_ はじまりは「孔」　8

1_《キャン・リス》とは
　光あふれるマヨルカ島へ　14 ／《キャン・リス》の建物配置　16

2_ 窓の家
　海を眺める5つのスクリーン　リビングの窓　22 ／樹々との対話　寝室の窓　28
　column 窓のディテール　34

3_ 光の家
　ひとすじの光が時を告げる　42 ／もうひとつの影絵の物語　46
　穿たれた孔　エントランスホールに浮かぶ三日月　56
　column 「動く素材」　風、水、太陽をあやつる　44 ／
　　　　　北欧の光と絵画　ハンマースホイの静謐な室内と陽光　52

4_ 大地の家
　石の舞台　中庭　64 ／高見の台　プラトーとプラットフォーム　68
　column 石の声、職人の声　72

5_ 風の家
　風を感じる場　固定された椅子　76 ／風雨にさらされた実験の場　半月の孔　80
　column 風も視線も通り抜ける　路地空間　84

6_ 扉の家
　扉の向こう側　88 ／扉の多い家　92 ／キッチンの扉　100
　column 不在の存在　ハンマースホイの気配を感じる室内　96

[第2部]　ウッツォンとは

　ウッツォンの生涯　104
　主要作品
　 ①ヘレベックの自邸　122 ／②ミッデルボー邸　124 ／③キンゴー・テラスハウス　126
　 ④シドニー・オペラハウス　128 ／⑤バウスヴェア教会　130 ／⑥ウッツォン・センター　132

付録　　実測寸法　134 ／主な作品　137 ／略歴　138 ／図版出典、参考文献　139

おわりに　小さな幸福　大きな友情　141
　　　　　2度目のウッツォン　143

[第1部]

ウッツォンの小さな実験住宅《キャン・リス》

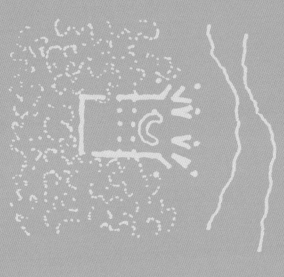

0 はじまりは「孔」

住まいの起源について遡ると、原始の人々は自然がつくり出した洞窟などを住まいとしていた。囲まれた場所は外敵から身を守る安全な場所であり、雨風を凌ぐために必要なシェルターと成り得たのだ。ラスコー洞窟の壁画、アルタミラ洞窟の壁画などは、美術史上「人類最初の絵画」と言われているが、有史以前より人類は洞窟を生活の場としていた。その後、人類は自らの手で「住まい」をつくる技術を習得し、それはやがて「建築」と呼ばれるようになる。建築家の原広司は『建築に何が可能か』（学芸書林、1967年）で「有孔体理論」を唱え、閉じた空間に孔を穿つことが建築のはじまりである、と述べている。「孔」は、光・熱・人間・音などを制御する。「穿孔」によって空間には多様な事象がもたらされ、建築空間となるのである。

　ウッツォンは偶然にもマヨルカ島の崖地の下に大きな洞窟を発見した。長年、海の激流が打ち付けられたことによって出来た、天然の大きな穴だった。ウッツォンは何度もそこに足を運び、安全で囲われた場所から外を眺めることの幸福について述べている。「住まいとは家族が安心して暮らせる《シェルター》であり、穿たれた孔は自然や外界との接点である」と。ウッツォンは海をのぞむ岸壁に立ち、ときにはその大きな洞窟に入り込み、人間にとっての理想の住まいについて考えたに違いない。そして孔のデザインとそこから見える景色、生活に彩りやリズムを与える光などを、いかにして空間に取り入れるか構想を練った。それが《キャン・リス》のはじまりである。つまり「孔のデザインからスタートした家」なのだ。

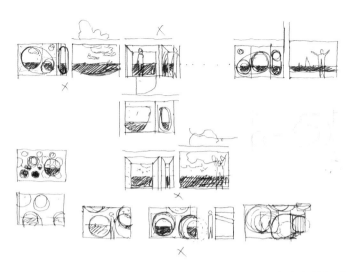

ウッツォンのスケッチ

　ウッツォンによるイメージスケッチを見ると、そのアイディアが顕著に表れている。スケッチには丸や四角の孔から見える空と水平線が描かれている。やがて丸から四角に変わり、そこにはふたりのシルエットが見える。おそらくウッツォンと妻リスの姿を描いているのだろう。

　《キャン・リス》滞在中、私を訪ねてきた友人にお願いし、崖の下の洞窟まで降りてもらった。私は急勾配の崖地を降りていく勇気がなく、それを体験できなかったのは悔やまれる。しかし友人が撮影した写真を見て、私はウッツォンの設計意図を理解できた気がする。ウッツォンはこの場所から見た風景と同じものを、崖の上の家で再現したかったのではないだろうか。妻リスももしかしたら私と同じように勇気がなくて、洞窟まで降りられなかったのかもしれない。

　安全な場所からのぞむ風景。そこには海と空が交わる場所が見える。おそらくウッツォンは目の前に広がる水平線の先に、輝かしい未来を見据えていたのではないだろうか。海の向こうにはシドニーがあり、故郷デンマークがある。《シドニー・オペラハウス》では

《キャン・リス》が立つ崖の下の洞窟

《キャン・リス》のリビングの窓

ヨットの帆にも見える幾何学的な造形で、海辺に新しいランドマークをつくり出した。それは海からの視線を意識した、新しい都市景観の創出であった。しかし《キャン・リス》は違う。崖の上の小さな家の主人公はあくまで自分たちである。家族が安全に暮らすため、洞窟のような家づくりを行った。そこから見える素晴らしい景色は、彼らの日常生活に多くの喜びをもたらしたのだった。

ウッツォンのスケッチ

朝日に照らされる《キャン・リス》

《キャン・リス》とは

光あふれるマヨルカ島へ

スペインのマヨルカ島は地中海西部のバレアレス海に浮かぶ最大の面積を誇る島である。「マヨルカ」はスペイン語で「大きい」を意味する。沖縄本島の約3倍の大きさといえばおおよその察しがつくだろう。気候は典型的な地中海性気候で、真夏の平均最高気温は30℃、真冬でも15℃である。年間を通じて温度差が少なく、過ごしやすい気候である。その一方、降水量は少なく乾燥しており、平地では約300日好天というので、曇天の多いデンマークとは異なる。

先史時代から航海路の拠点で、古くはフェニキア人によって統治されていた。ヨーロッパとアフリカの交易の場として栄えた交通の要所である。一時はイスラム教徒によって繁栄した時代もあった。13世紀になるとカタルーニャ人による統制に変わったが、スペイン独立戦争など戦いが起こる度に、マヨルカ島は征服の対象となった。難民や移民の流出入も多く、常に不安定な社会情勢にさらされていた。島の中心パルマ・デ・マヨルカには、カタルーニャ・ゴシックの傑作である大聖堂があり、20世紀初頭にはアントニオ・ガウディがその一部を改修している。

また、かの有名な作曲家フレデリック・ショパンが恋人のジョルジュ・サンドとの愛の逃避行先にマヨルカ島を選んだことは有名なエピソードとして知られている。結核に侵されていたことも、この温暖な地を選んだ理由であった。ショパンはマヨルカ島のバルデモーサ修道院を滞在場所とし、そこで「雨だれのプレリュード」を完

成させた。ピアノを習っていた私がマヨルカ島を知ったのは、実はこのショパンの経歴からである。「いつか行ってみたい」と子どもの頃から憧れていた。「マヨルカ」という言葉の響きも、子どもながら興味を掻き立てられたのである。現在、バルデモーサ修道院にはショパンの記念館が併設されている。このほか多くの芸術家や作家もマヨルカ島に魅せられ、滞在している。例えば画家のジョアン・ミロもこの地に定住し、多くの作品を残している。

　戦後になると観光ブームが巻き起こり、マヨルカ島にはドイツ、イギリス等からの観光客が数多く訪れるようになった。とくに植民地を持たないドイツを中心に、1960年代にホテル、マンション、別荘等の建設が盛んに行われ、避寒の行楽地となった。北欧デンマーク人もマヨルカ島に目をつけたのはいうまでもない。曇天の気候から逃れ、地中海のまばゆい光を求め、ヨーロッパ各国の富裕層がマヨルカ島に集まってきたのである。

　ウッツォンはシドニー以降、ハワイ大学等で教鞭をとりながら、自分の住処を探していた。ウッツォンが選んだのは、地中海のまばゆい光あふれるマヨルカ島だった。しかし最初に見つけたのは山の中腹の敷地だった。最晩年を過ごすことになる《キャン・フェリス》が建てられる場所である。その数年後、ウッツォンは島の南東部の崖地を見つけ、そこに《キャン・リス》を建てることにした。眼前にはエメラルドグリーンの海が広がっていた。

15

《キャン・リス》の建物配置

　《キャン・リス》が立つ断崖絶壁はマヨルカ島南東部のポルト・ペトロという小さな港町から徒歩で30分ほどの距離にある。海に面した風光明媚な場所のため、近隣には豪華な別荘が立ち並んでいる。

　ウッツォンが試みた実験の一つは分棟形式としたことだった。4つの建物を中心にそれに隣接した前庭や中庭などの外部空間を含めて4つのゾーンを構成している。図の左端に位置するAゾーンは、キッチン・ダイニング・中庭で構成されている。中庭は屋外空間であるが、それを取り囲むように列柱が立ち並び、屋根付きの回廊が付帯している。一番左端の壁に囲われた中庭も屋外で、真ん中に半円状のテーブルが固定されている。このゾーンは家族が共通して使うコモンスペースである。

　次のBゾーンは突き出した5つの出窓が不連続に並ぶリビングが特徴的で、やはり家族が集うエリアである。ウッツォンのスケッチを見ると、この部屋の設計から始めており、この住宅で最も力を注いでいることがわかる。リビングの中央には少し角度を振った半月形のソファが固定されている。ここに座って見る窓の景色は息をのむほど素晴らしい。5つの窓は映画館のスクリーンを思わせた。また、リビングに入るには4つの扉がある。まるで劇場に入るかのようなプランである。その前にある中庭はさながらホワイエのようである。ここはプライベートシアターという位置づけなのだろう。家族でくつろぐためのスペースというよりも、天井は高く、教会のように厳かな雰囲気をまとっていた。

　Cゾーンは夫婦の寝室がそれぞれ個別に設けられたプライベートエリアである。通路の壁際にはプランターが置かれ、目隠しの役割を担っている。住棟の中心にはバスルームがあり、寝室はそれぞ

れ左右に振り分けられている。各寝室には海に向かって大小2つの窓があり、リビングの窓と同様に奥に向かってすぼまる形であった。この窓もまた景色を切り取る大きな額縁の役割を果たしている。

　Dゾーンは、当初は次男キムのための寝室として設計された。しかしキムが成長し、マヨルカ島を離れると、ウッツォンのスタジオとして使われるようになる。その後、夫妻が《キャン・フェリス》に引っ越すと、長女リンが暮らすようになり、ここは彼女の芸術制作の場となった。中庭には椅子とテーブルが備え付けられ、風を感じながら、屋外で本を読んだり、飲食したりして、くつろぐことができる。

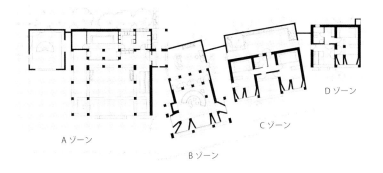

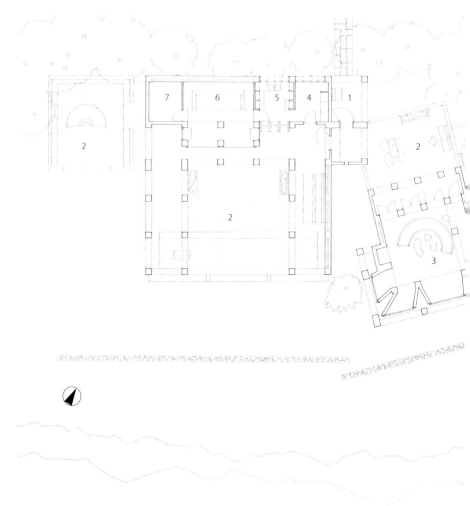

平面図　S = 1 : 250

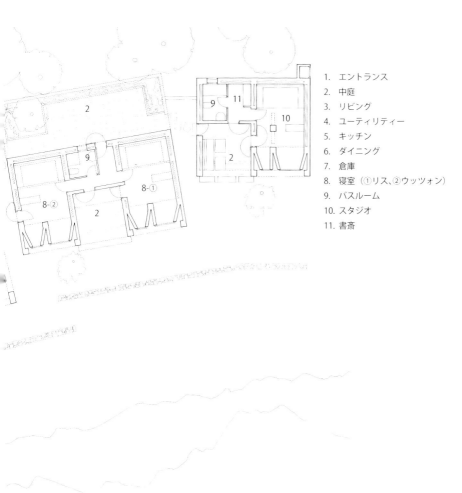

1. エントランス
2. 中庭
3. リビング
4. ユーティリティー
5. キッチン
6. ダイニング
7. 倉庫
8. 寝室（①リス、②ウッツォン）
9. バスルーム
10. スタジオ
11. 書斎

リビングの5つの窓

窓の家

海を眺める5つのスクリーン
リビングの窓

ウッツォンが《キャン・リス》で目指したものの一つは水平線を眺めることだった。多くのドローイングには大きな開口部の向こう側に空と海の境目が描かれている。

　その開口部は家族が集まって団らんする場所、いわゆるリビングルームに設けられた。巨大な額縁のような窓が5つあり、それぞれ角度を変え配置されている。奥がすぼまる形で遠近法が取られているかのような出窓である。

　私はこのような不思議な造形の窓を見たことがなかった。5つの窓は、いずれも大きさや海に向かってすぼまる角度が異なっている。それぞれの窓は異なるシーンが切り取られ、まるで映画のスクリーンを5つ同時に見ているかのようだった。

　天気の良い日は白い帆を張ったヨットが数多く通り過ぎる。ヨットは巨大な額縁の中を一つひとつ移動していく。ウッツォンや家族はその移りゆく風景を楽しんでいたに違いない。ウッツォン自身も若い頃はヨットを趣味とし、海を愛する男だった。

　私は《キャン・リス》を訪れるまで完全に誤解をしていたことがある。リビングを外部に連続した空間だと思い込んでいたのである。しかし違っていた。石が積み上げられ、額縁のようにフレーミングされた開口部には透明なガラスがはめ込まれていたのである。ガラスに取り付けられている窓枠は内部から見えず、はめ殺しで取り付けられ、内部と外部を区切っている。視覚的には繋がっていても、完全に閉じた空間で、外部の音は遮断されている。リビングにいると静寂が広がり、無音の空間の向こう側には穏やかな海が横たわっている。

　「リビング」と呼んでいるが、この空間は生活感をまったく感じさせない。もちろん現在は誰も生活していないので当然であるが、

もともとこの空間が持つ特異性がそう思わせるのであろう。他の部屋とは異なり、天井が高いのもその理由の一つである。そのためより一層、劇場や映画館にいるような、何か特別な、非日常の世界にいるような気分にさせるのだった。

　ガラス面を映画館のスクリーンとするならば、その前に置かれた長椅子は鑑賞のための座席であろう。ウッツォンの家族は夫妻のほか2人の息子と1人の娘からなる5人家族である。長男長女は当時

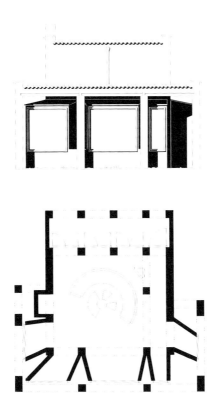

リビング立面図、平面図　S＝1：150

4枚ともにリビング

25

すでに自立しており、この地で一緒に暮らしていないが、家族5人が並んで座ることを想定したと思われる。この長椅子は床面に固定されており、動かすことができない。ウッツォンは念入りに窓の角度と椅子の位置を決めている。空間の中で長椅子のデザインに目がいくのは、それが少し角度を振って配置されているからであろう。素材はマヨルカ産の天然石で、その上にマヨルカ産のタイルを貼り、濃紺のタイルで縁取っている。ウッツォンはかつて［Platform and Plateau］という論考（イタリアの雑誌『Zodiac』1962）で、日本の畳の黒い縁について言及している。ここ《キャン・リス》ではそれを意識して椅子やテーブルを縁取ったのかもしれない。椅子の前に置かれたテーブルも床に固定されているが、椅子から立ち上がって移動する動線を考慮し、円形のピザを分割してすきまをつくったようなデザインにしている。

　唯一リビングらしさを演出しているのは、石積みの壁のくぼみに設けられた暖炉である。人が集い、団らんする場のシンボルとしての暖炉。北欧デンマークでは暖炉がリビングに設けられていることが多く、《ヘレベックの自邸》にも備わっている。

　私は友人が滞在していた一晩だけ暖炉に火をくべてみた。バチバチと薪から発せられる音が、静寂な空間に響き渡った。カーテンのないガラス窓は、昼間とはうって変わり黒い鏡となり、そこには自分たちの姿が映し出されていた。

　はめ殺しの窓は音を完全に遮断するため、リビングはいつも無音だった。目の前に並ぶ5つの窓。それぞれに映し出される水平線。それは海の青と空の青が交わる場所でいつも一直線だった。日によって、時間によって、その青の濃淡が異なり、境目が濃くなったり、淡くなったり、変化に富む。そして夜になると、ガラス面を隔て別世界が現れ、漆黒の深い闇がそこにあった。

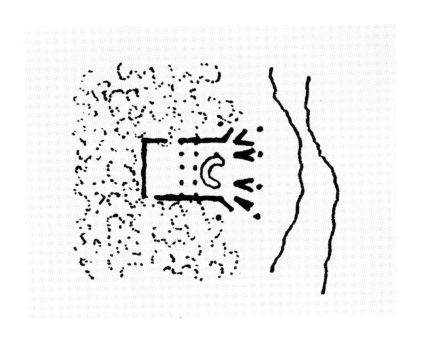

ウッツォンのスケッチ

樹々との対話　寝室の窓

ウッツォン夫妻はそれぞれが個室を持ち、別々に就寝していた。それぞれの寝室はバスルームを挟んで左右に振り分けて配置されている。Cゾーンの入り口から内部に入り、左が妻リスの寝室、右が夫の寝室。どちらも基本的な構造は同じで、壁面に造り付けのベッドがある。大きな違いはリスの部屋だけ備え付けの机と収納棚がある点である。なぜリスの部屋だとわかるのか。机に貼られたタイルが花柄だからだ。おそらくリスがリクエストしたのだろう。ウッツォンの部屋には窓辺に飾り棚があって、石彫りの像が置かれていた。また、リスの部屋だけ中庭に抜ける扉が設けられており、洗濯物を干したり、取り込んだりするために出入りできた。《キャン・リス》の各棟にはそれぞれ用途の異なる中庭があった。

各寝室に入ると、まず目に飛び込んでくるのはやはり海に面した窓である。大きさの異なる2つの窓がどちらも奥がすぼまる形をとって登場する。意図的に不均等な大きさで区切られた2つの窓。なぜ1つの窓にしなかったのか不明であるが、スケッチでは当初から2つ設けている。

窓は海に面しているものの、そこから見える景色は主に樹木である。青い海原は樹木の間からわずかに顔を覗かせる程度で、幹が大きく湾曲した樹が、ちょうどよいバランスで四角いフレームに収まって見える。これはウッツォンによる植栽計画のもと、決められたものだ。こちらの窓もはめ殺しなので、窓の開閉はできない。やはり景色を見るために切り取られた窓なのだ。

滞在してすぐに気になったことがある。カーテンのない窓のため、朝になるとまぶしさで目覚めるのである。原始の頃、人間や動物は日の出とともに起床し、日の入りとともに就寝していた。そんなこ

妻リスの寝室

とを気づかされたのである。確かにこの建物内には一切時計がなかった。その代わり自然が時を知らせてくれるのである。目覚めてすぐに目にする光景で今日の天候がわかり、窓から差し込む光の角度で時の予想がつくのである。それはしばらく滞在しなければ体得できないことであった。大きな窓と小さな窓の間に横たわる壁によって窓の風景は分断されるが、その代わり床に影を落とす。その影が時を知らせる役割を担っているのだ。

　寝室のベッドで横たわって見る景色、腰掛けて見る景色、椅子に座って見る景色、立って見る景色、それぞれ異なる。生活の行動パターンに応じて窓の向こうに見える景色は異なるのだ。ウッツォンは窓から見える構図を意識して樹木の種類や位置を選んだが、植木は目隠しにもなり、カーテンの代わりとなってプライバシーを確保している。

ウッツォンの寝室

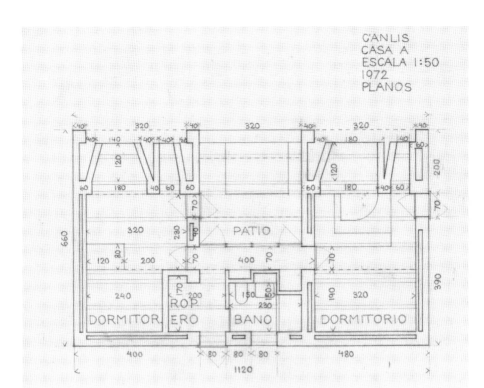

寝室　平面図

寝室　窓のスケッチ

中庭から見たリビング

リビングの入り口付近から窓をのぞむ

32

リビングから中庭をのぞむ

窓のディテール

《キャン・リス》にあるすべての窓は、フレームが内側から見えないようにデザインされている。本や雑誌で《キャン・リス》の写真を見て、私はガラスが入っているとは思わず、外部空間だと思い込んでいた。しかし実際訪ねてみたら違っていた。ウッツォンのこだわりを最も強く感じるのがこの窓のデザイン・ディテールである。内側からの視線を第一に考え、いかに美しく見せるか、考えあぐねた結果と思われる。

これとよく似た手法で内側の視線を優先しガラスを外側に取り付けたのはスウェーデンの建築家シーグルド・レヴェレンツである。マルメ東部墓地の《花のキオスク》やクリッパンの《聖ペトリ教会》の窓がそうだ。《聖ペトリ教会》はレンガ造で、職人の手作業によって一つひとつ積み重ねられている。内側から見ると窓枠がなく、外側から見ると開口部よりも少し大きなガラスが直接壁に取り付けられている。モルタル目地は不ぞろいで職人の荒々しい手作業が際立つが、その原始的な手づくり感や豪快さが漂い。茶褐色のレンガ壁に囲われた内部空間は開口部が少なく、限られた自然光が暗闇をほのかに照らしている。

ウッツォンは《キャン・リス》でレヴェレンツ以上のこだわりで窓のデザインを行った。内部優先のデザインとしただけでなく、建物外観の美しさにもこだわった。それが顕著に表れているのがリビングルームで、ランダムに角度を振った5つの窓がある。内側から見ると遠近法がとられた奥行きのある開口部は、外側から見ると突出した出窓となる。ウッツォンは突出した部分が不ぞろいでバラバラになるのを嫌い、構造体から庇を伸ばして、全体に収めたのである。

イギリスの建築家ジョン・パーディは、アンドレア・パッラーディオの《テアトロ・オリンピコ》(1580)に類似していると指摘した。しかし2001年春に《キャン・リス》を訪れ、ウッツォン本人に話を聞き、その考えを改めたという。《ヴェルサイユ宮殿》の深い窓の抱きと、ル・コルビュジエの《ロンシャンの礼拝堂》の内向きに広がった開口部に影響を受けたという*。ウッツォンは「地中海のまばゆい光から身を守るため、開口部に奥行きや厚みを

＊「a+u 建築と都市」2013年3月臨時増刊「キャン・リス　ヨーン・ウッツォンのマヨルカ島の家」p.62

持たせた」と述べている。さらにその奥行きに角度をつけた点は、ウッツォン独自のアイディアといえよう。角度を振ることによって、窓の一つひとつが独立性を持ち、奥行きが縁の役割を果たし、巨大な絵画となっている。光の入り込み方も単一ではない。個性を持った5つの窓は、見ている者の意識を一段深いところまで持っていき、集中させることのできる窓となった。

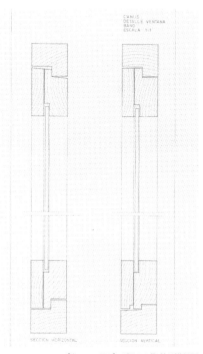

《キャン・リス》ガラスの取付け詳細図

《聖ペトリ教会》1966年
シーグルド・レヴェレンツ設計

35

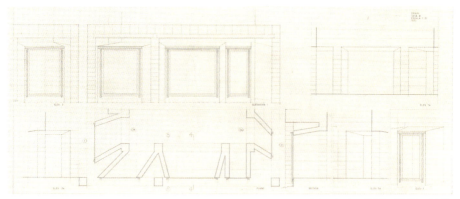

リビング　窓の立面図、断面図、平面図

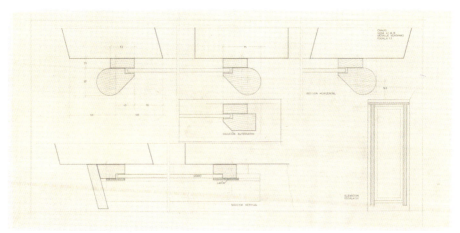

はめ殺し窓の詳細図

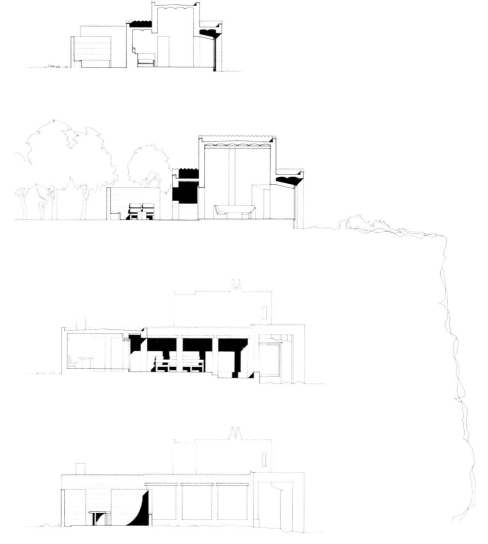

断面図　S＝1：250

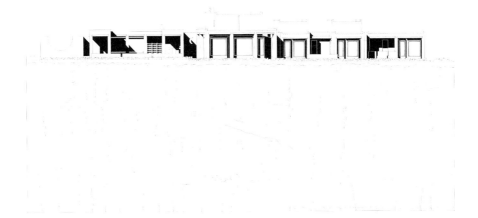

立面図　S=1:500

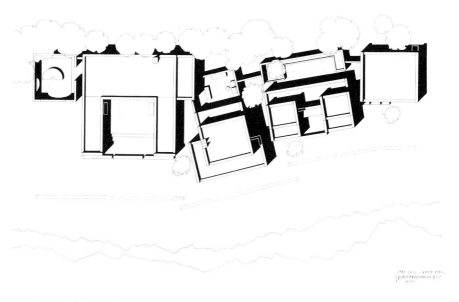

屋根伏図　S=1:500

リビング　わずか数十分の光

3

光の家

ひとすじの光が時を告げる

《キャン・リス》にはテレビがない。電話もない。電気、ガス、水道のインフラは整っているが、水道水は飲めるものではない。街の繁華街からは遠く、陸の孤島だ。情報のライフラインともいえるインターネットはかろうじて通じているが、接続回線が弱く、途切れがちだった。インターネットが繋がらないのは不安だったが、島での不便な生活に慣れはじめた頃から、「メールのチェックは1日1回できれば問題ない」と思えるようになった。親、友人にはマヨルカ島に約1か月滞在することを伝えてあるのだから、緊急の用事がない限り、連絡してこないはずだ。インターネットが通じないイライラ感を募らせるよりも、むしろ限られた滞在期間中、《キャン・リス》の素晴らしい住環境や島の暮らしを十二分に満喫しないのはもったいないと思うようになった。

そして気づく。どの部屋にも時計がないのだ。東京では時間に追われる生活を送っていたが、ここでは時間を気にすることはない。日の出とともに起床し、日の入りとともに就寝する生活。ほんの20年前はインターネットがない生活だったし、さらに時代を遡れば白黒テレビが普及したのは1950年代後半である。とことん原始的な生活を楽しもうと腹を括った途端、太陽の光の推移を強く意識するようになった。

リビングルームには毎夕決まった時間に、壁面の縦長のスリットから、ひとすじの光が束になって空間に現れる。この光の束が現れるのはわずか15分から20分程度。しかしこの間、リビングルームは劇的に空間の質が変わるのである。なんとも形容し難い、神聖な空間に変わるのだ。「奇跡の数分」とでも言おう。強烈な印象を与える光の束を、ウッツォンは「光の梁」と表現している。光が差し込むスリットは実は後で開けたものだった。太陽の光の推移を計算

し、わずか数分だけリビングルームに現れる、光の梁のための開口部。これは時を告げる、日時計の代用となっている。

　ウッツォンはこのように《キャン・リス》において、地中海の強い光を建築空間内で「動く構成要素」として取り扱った。光を希求するデンマーク人にとって窓から差し込む光を空間の中で「動く要素」としてとらえるのは至極当然のことである。いや、デンマークに限らず北欧の人々にとって、自然光の存在はとても重要で、われわれ日本人が想像する以上に彼らはその動きに敏感であった。とくに冬の間は極端に日照時間が短くなるため、窓からの光は格別なものであった。いつも曇天で鉛色の空が日常の北欧デンマークでは、陰鬱とした気分を少しでも明るくしようと、照明器具や家具などのインテリアを上質なものにそろえているのはそのような理由が背景にあるからである。そう考えると、自然光は室内に招き入れたい一番の客人なのである。空間をデザインする建築家にとって、光をいかに取り入れ、うまくデザインするかは最も挑戦し甲斐のある課題であった。フィンランドのアルヴァ・アアルトはトップライト（天窓）やハイサイドライト（高窓）から自然光を取り入れるデザインを得意とし、照明器具も数多くデザインしている。デンマークのアルネ・ヤコブセンも季節によって変化する太陽の入射角度を綿密に計算し、《ムンケゴー小学校》のハイサイドライトの位置を決めている。しかし、ウッツォンの自然光の取り入れ方は彼らに比べるとかなり独特である。光の演出によって空間を劇的に変化させ、感性に訴えるものだった。

　《キャン・リス》のリビングにおける斜めの光は、「光の日時計」として何かを告げる象徴なのかと、思考をあれこれと巡らせてしまう。私の滞在期間中は午後3時過ぎから20分ほど、斜めの光が空間に出現していた。この光の侵入者は何を意味しているのか。ウッツォンはそれについて何も語ってはいない。謎は深まるばかりである。

「動く素材」 風、水、太陽をあやつる

長年ウッツォンとともに働いてきたデンマーク人建築家のモーエンス・プリップ=ブースは、三分一博志のことを「ウッツォンの後継者」とみなしている。三分一は「動く素材」いわゆる風、水、太陽に着目し、建築とのかかわりをテーマに設計を行っている。「動く素材」が四季を通じて変化する姿をカメラに収め、それらをベースに設計活動を行う三分一。そのプロセスを展示したのが展覧会「三分一博志展　風、水、太陽」（2016年4月15日〜6月11日、TOTOギャラリー・間）だった。

私が《キャン・リス》滞在から戻った2016年5月、ちょうど上記の展覧会が開催されていた。もともと彼の建築に関心を持っていた私は、本人が解説するギャラリートークに参加した。展覧会図録をめくっていたところ、私は1枚の写真に釘付けになった。それは満月の夜の《キャン・リス》だった。わかるものにしかわからない1枚の写真である。

「三分一さんもウッツォンの《キャン・リス》に滞在したんですね？　私もつい数週間前までたった一人で滞在していたんですよ」とトーク後に話しかけた。知られざる名建築《キャン・リス》を体験した日本人がいるとは、さぞかしびっくりしたことだろう。

翌2017年、三分一はデンマークのシステアナという地下にある古い貯水設備の跡地を利用して[The Water]というインスタレーションを行った。それは天候など日々変化する自然環境によって空間体験が変わるものだった。とくに太陽の動きが空間を劇的に変化させ、四季によってもその体験が変わるというインスタレーションだった。しばらくして三分一に再会した際、「システアナ行きましたよ」と話したら、その第一声は「いつ頃ですか？　天候はどうでしたか？」だった。私が会場を訪ねた際はあいにくの大雨だった。それもまた貴重な経験だったと思う。

三分一はデンマークのインスタレーションの図録『三分一　風、水、太陽』（Forlaget Cisternerne, 2018）で次のように述べている。「私は、建築は地球の一部だと思っている。すなわち、私にとって建築を考えるという事は、地球のディテールを考える事です。そのとき大切なのが動く素材、つまり風や水や太陽などのことです。（中略）動く素材は地球と人の営みとの知的な関係を形づくる基本的な要素なのです」

三分一博志 [The Water]

《キャン・リス》外観
暖炉の煙突（左）と縦長スリット

45

もうひとつの影絵の物語

　《キャン・リス》で暮らし始めてしばらくすると、時計がなくともおおよその時を知ることができるようになった。寝室にある大小2つの窓から差し込む光によって影が出来る。太陽が東から西へ移行するにつれ、角度のついた窓から光が侵入してくる。季節によって、天候によって、そして時間によって、差し込む光の深さや、影の濃淡は異なる。曇天の日は微弱な光がおぼろげな影を映すにすぎない。雨の日は光が差し込まないのでまったくわからない。そのうち床に映し出される樹木の影が風によって揺れ動く光景をぼんやり眺めるのが楽しみとなった。

　小さな寝室は窓が開かず、まるで幽閉された牢獄のようであった。となると窓だけが唯一の外界との接点となる。寝室の窓から見える景色は緑の葉をつけた樹木で幹が曲がっていた。光は日中のうち数時間だけ室内に差し込み、それに合わせ庭の樹木が風によって揺らぐ様子が、影となって床や壁に映し出された。それは1日のうちある数時間しか体験できないことで、床に映し出された影絵はまるで別次元における「もうひとつの物語」を展開しているかのようだった。

　リビングでは、ヨットが通り過ぎていく風景をスクリーン化した5つの窓で順に追っていくのが楽しみであった。ここでは壁や床に映し出される樹木の影が主役となって、「もうひとつの物語」をつくり出していた。その部屋に居るものは一つのスクリーンでその物語を見つめる。実際には音のない空間だったが、頭の中では木の葉が重なり合う音が聞こえていた。

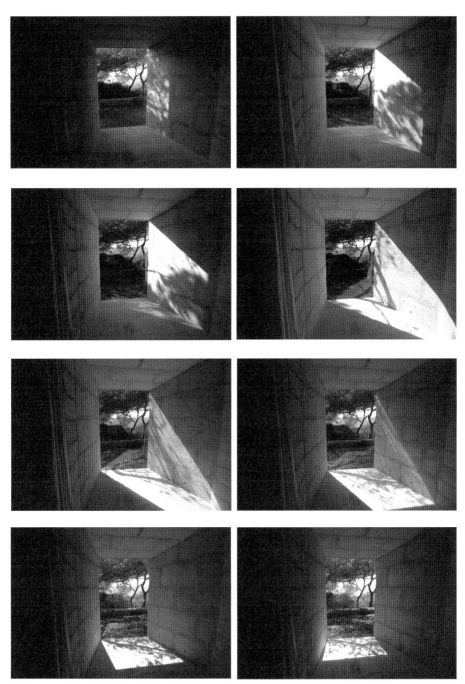

リスの寝室　1日の光の推移

地中海のまばゆい光はざらっとした壁や床の石の上に濃い影を落とす。これは北欧の国デンマークでは見られない現象である。北欧のか弱い光では、これほど色濃いコントラストで影を生み出すことはない。
　天気の良い日に住棟を移動する際、壁や床に映し出された影は、周囲にある樹木、もしくは建物がつくり出す影のどちらかだった。とくに樹木に関しては、ゴツゴツした幹の輪郭がそのまま壁に映し出されるので、一見するとどちらが本物かわからないくらいリアルだった。細い枝葉はモアレのようにぼやけた輪郭となるが、風にたなびく様子がコンマ数秒遅れて、影となって映し出される。
　乾いた石のざらっとした表面に、色濃く映し出される建物の影。それが太陽の動きとともに推移していく。常にこれらの影が周囲にあるため、刻々と変化する太陽の動きを意識せざるを得なくなる。《キャン・リス》は「体感する建築」なのである。《キャン・リス》には本物と影が織りなす2つの世界が共存していた。

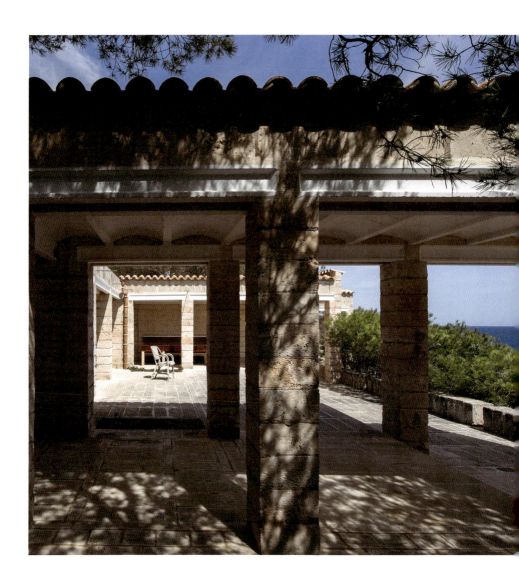

北欧の光と絵画
ハンマースホイの静謐な室内と陽光

ウッツォンと同じデンマーク出身の画家ヴィルヘルム・ハンマースホイ（1864-1916）の描く室内画を見てみよう。白い壁、光が挿入する窓、閉ざされた扉が描かれている。とても静謐な室内空間である。これは画家が住む家の日常のひとコマを描いている。彼の絵が示すように、北欧の人々にとって窓からの光は絶え間なく揺らぐ存在であり、いつも希求しているものであった。

画家ハンマースホイは日本ではほとんど知られていなかったが、2008年9月に国立西洋美術館で展覧会「ヴィルヘルム・ハンマースホイ　静かなる詩情」が開催されて以来、オランダ人画家フェルメールを彷彿とさせる静謐な室内画が日本人の琴線に触れ、注目されるようになった。しかしフェルメールに比べ、ハンマースホイの描く室内画はより殺風景で、生活感をまったく感じさせない。

ハンマースホイは自分が暮らしたストランゼゲーゼ30番地の自邸を描き続け、同じ室内を繰り返しモチーフにしている。《陽光、あるいは陽光に舞う塵》は窓から挿入する斜めの光が、空中にある塵を映し出している様子を描いている。その後に描かれた《陽光習作》と比べると、窓から差し込む光の位置が異なるだけで、同じ室内を描いていることがわかる。つまり彼が描きたかったのは、タイトルにあるように室内で唯一動きのある《陽光》なのだ。2つの絵画には画家が静かに《陽光》を見つめる視線を感じ取ることができる。アメリカ人建築家ルイス・カーンは著者『沈黙と光明』（エー・アンド・ユー、1973）で次のように述べている。

「陽光のひとかけらが窓枠を通して射し込み、動き、消滅するドラマを演ずる舞台に許すものは、よろこびと予知せぬ出来事である」

ウッツォンもカーンも建築家として陽光が主役となる舞台をつくり出した。画家ハンマースホイはそこで繰り広げられるよろこびや出来事を静かに見つめ、写し取っている。

ヴィルヘルム・ハンマースホイ
《陽光、あるいは陽光に舞う塵》1900
コペンハーゲン、オードロップゴー美術館

ヴィルヘルム・ハンマースホイ
《陽光習作》1906
コペンハーゲン、デーヴィスコレクション

エントランスから見える三日月の開口部

裏から見た三日月の開口部

穿たれた孔
エントランスホールに浮かぶ三日月

　《キャン・リス》の玄関扉を開けて最初に出迎えてくれるのが、この三日月である。エントランスホール正面の壁には一枚の絵画のように白いタイルが貼られ、そこに三日月の孔が穿たれている。その向こう側には地中海の青い海原が広がっているが、ウッツォンは敢えてその美しい展望風景を見せず壁を設け、目隠しとしている。実際、この場所から右の扉を開けると、大きな中庭が出現し、その先には地中海の大海原が広がっていた。視線の抜け、空間の広がりをより劇的に演出するため、ウッツォンは敢えて壁をアイストップとしたのだ。

　よく見ると、三日月形に開けられた孔のわずかなすきまから細い木の幹が見える。人々の視線は自然とそこに集中するのではないだろうか。すきまから対象を覗かせる手法を、北斎の浮世絵と関連づけ、「日本的」ととらえたデンマーク人建築史家がいた。確かに北斎の浮世絵に同様の構図のものが存在するが、ウッツォンがこのことを知っていたかどうかはわからない。

　人々を出迎えるこの空間に三日月が設けられたのはなぜか。私はこの地の名前に由来するのではないかと思った。現在は「ウッツォン通り」と呼ばれているが、かつてこの地は「ハーフムーン通り」と呼ばれていた。「月」を由来とした土地の呼称をメタファーとしてデザインに組み入れたのではないだろうか。

　白いタイルに穿たれた三日月。その下には、青いタイルと白いタイルの組合せで、月の満ち欠けが示されている。月の満ち欠けは地球、太陽の位置関係と連動している。月も地球も自ら光り輝くものではない。太陽によって照らされた部分が反射し、地球から見ると満ち欠けしているように見えるのだ。ウッツォンは月の満ち欠けをデザインに取り入れ、エントランスに設けた。ある時間帯になると、

月の孔から自然光が挿入し、床に三日月の影を落とす。さらに夜になると、壁の向こう側の照明が照らされ、三日月がくっきりと浮かび上がる。なんとも幻想的な光景だ。昼夜を問わず、エントランスホールでいつも優しく客人を迎え入れてくれる三日月に私は心が和んだ。三日月のデザインは私たちの想像力を膨らませ、意識を広大な宇宙へと導く。

　自分の身体を使って自然を感じ、さらには宇宙をも感じさせてくれる家。ウッツォンの壮大な夢がこの家のそこかしこにデザインとして組み込まれている。

中庭から海をのぞむ

4

大地の家

石の舞台　中庭

　海に向かって開かれた中庭。燦々と照りつくす太陽の光。床には地元サンタニーで採掘され敷き詰められた石。昼は太陽、夜は月の推移を、この中庭で体感することができる。《キャン・リス》の中で最も海と大地に近い場所であった。どことなく厳かな雰囲気があり、まるで舞台のようでもあった。

　中庭の周りには、コの字形に屋根付きの柱廊が取り囲んでいた。回廊型の形式は、中世のロマネスク修道院を彷彿とさせる。ル・コルビュジエが参照した《ル・トロネ修道院》のように、粗い石が積み重なった簡素なつくりで、禁欲的な空気感をまとっている。《ル・トロネ修道院》とは戒律の厳しいシトー会の修道院に属し、人里離れた荒地で石のみを建築材料としてセルフビルドで建てられた宗教施設である。装飾を一切排除し、僧侶たちは清貧、貞潔、服従を遵守し、自給自足の生活を送っていた。そして彼らは太陽崇拝の伝統を維持していた。修道院の設計者には石の特性を十分に理解し、太陽光の動きに精通し、音の反響を計算し、空間に光と闇の調和をつくり出す霊的な感性が求められた。ウッツォンが《キャン・リス》で試みた取組みとかなり共通している。とくにこの中庭は、ウッツォンの霊的な感性が現れていると感じた。家族によればウッツォン自身は宗教に対してとりわけ信心深かったわけではないようだ。だとすると、この空間はウッツォンが独自に生み出した自然とじかに向き合う場だと思った。

　キッチンのある棟と中庭との間に回廊を設けたのは、屋外で食事をとることを想定し、強い日差しを避けるために屋根を必要としたのであろう。その一方で中庭を神聖化するため、住居領域と区分する緩衝地帯として回廊を設けたのではないかと深読みすることもできる。夕方になると石張りの床に列柱の長い影が映し出される。中

庭は太陽と対峙する光まばゆい空間から、暗闇の中で月と星あかりを見上げる静寂な空間へと変わるのだ。

　私がここを舞台のようだと感じたのはいくつかの理由がある。まず空間に佇んだときのスケール感である。実際、調べてみると、能舞台は3間（約6m）四方であるのに対し、《キャン・リス》の中庭は約7m四方であった。何もない禁欲的な空間だからこそ、太陽、大地、海、月と対峙するにはふさわしい。

　また、夜になると水平線上に月が現れる。中庭はまさに月見台と化し、ここから眺める月は格別に美しく見えた。《キャン・リス》滞在4日目の晩は満月だった。月明かりがまぶしく、写真家の山田氏と友人の石田夫妻とともに中庭で満月を愛でた。月の明るさだけがたよりであった。ある晩は満天の星が輝き、ミルキーウェイ（天の川）やおおくま座が確認できた。またある晩は闇夜で視覚以外の五感が敏感になり、波がたえまなく岩壁に打ちつけられる音が耳に残った。中庭に立つといつも身体感覚が敏感になった。忘れられない幻想的な夜をいくつも体験した。

高見の台
プラトーとプラットフォーム

ウッツォンのいくつかのスケッチを見てみよう。ウッツォンはマヤ文明の巨大な神殿にいたく感銘を受けたと論考「Platform and Plateau」で述べている。マヤのピラミッドはエジプトのピラミッドと異なり、大地から立ち上がる「土台」としての意味合いが強い。［Plateau］は自然からなる高台もしくは高地を意味し、そこにマヤの人たちは［Platform］と呼ばれる人工的な水平線をつくり出した。神に一番近くなる高台の上がプラットフォームにふさわしいと考えたからだ。興味深いことにこの論文中に日本建築に関する記述がある。「伝統的な日本の家屋における床は、繊細な橋のようなプラットフォームである。この日本のプラットフォームはテーブルの天板のようでもある。それは家具の一つなのである。ヨーロッパの家屋では壁が人を惹きつけるが、ここでは床が人を惹きつけるのである。ヨーロッパの家屋では壁に近いところに座ろうとするが、日本では床に座ろうとし、その上を歩こうとするのではない」

ウッツォンは《シドニー・オペラハウス》でも基壇を設けている。「丘があれば丘に登りたくなるように、ホワイエの前に人々を導く広い階段をつくった」（キャサリン・ブリスベン「The Guardian」2007.10.15）と述べている。まずコンクリートの基壇をつくり、その上に地元で採掘した花崗岩を床に用いた。そしてこの記述にあるように、大階段を設けた。その大階段は幅が100mもある。登り着いた最上段の平らな部分は、人々が集まる場所とした。そこは広場であり、野外ホールでもあり、カフェでもあり、多様な機能を持ち合わせている。コンサート帰りの人々が建物の外に出た際も、ほっとするようなゆとりのある空間をつくり出した。実は《ヘレベックの自邸》にも同様のプラットフォームは存在する。

ウッツォンがマヨルカ島の断崖絶壁の上につくりたかったのはこの Platform and Plateau なのではないか。崖地に人工的な水平線をつくり、そこから海を見下ろし、遥かなる水平線を眺める「高見の台」。ウッツォンが描いたイメージスケッチを見ると、彼がここでやりたかったことが読み取れる。

ウッツォンのスケッチ

石の声、職人の声

ウッツォンはいつも素材に対して敬意を払い、彼らの声を聞こうとする。素材の特性を最大限に生かすためだ。

ウッツォンはここではすべての建築材料を地元マヨルカ島で採れるものにしようと試みた。建物全体を印象づける石は、マレス砂岩のブロックで、床材にはすこし硬さのあるサンタニーの石を選んだ。砂岩ブロックは柔らかいので、建設現場で切断加工が可能である。ウッツォンは砂岩ブロックをモジュールの単位とした。《ヘレベックの自邸》でも、レンガ職人と協働し、レンガをモジュールとして建設している。ここ《キャン・リス》でも初心に戻り、自ら施工している。施工図や最終形を示す平面図等が残っていないことから、おそらく現場で職人とともに試行錯誤しながら建設していったのだろう。

写真を見ると石の表面に何か模様のようなものが見られる。これは石を積み上げる際、紐を使って積み上げていった痕跡である。ピラミッドで巨大な石を積み上げる際に用いられる原始的な手法であった。

「私はアトラス山脈の南側のワルザザードから、モロッコを長いこと歩き続けた。そして彼の地で、場所と素材が完璧に調和している建築の伝統を経験した。彼らは家を、ときどき、建てていた。建てながら歌い、何層もある泥の家を、泥とガラスでつくっていた。それは私が造船所でなじんでいた光景に似ていた。大勢の人たちが足場の上で船体のリベットを留めている光景だ。私は造船の過程にすっかり心を奪われた。リベット工の少年が、造船台のわきに立って、幅2〜3cmのリベットの頭を持ちながら熱すると、トングでリベットをつまみ上げて組み立て工に渡す。組み立て工が宙でリベットをつまみ、穴に差し込む。(中略) それから船の内側に座っている男性がリベットをすべてたたいて繋ぎ留める。実際にそんなところを見たら、匠の技に魅了されるだろう」*

ウッツォンは素材だけでなく、地元の職人との協働を求めた。造船所での仕事を思い出し、ここで同じように楽しみたかったのだろう。《シドニー・オペラハウス》のような巨大プロジェクトでは顔の見えないスタッフと書面でのやりとりが主となり、

---

* 小林克弘監修『プリツカー賞:受賞建築家は何を語ったか』丸善出版(翻訳:杉山まどか)

彼らとの折衝ごとに辟易していたのだ。現場主義の彼は顔の見える相手と会話を交わし、手応えを確かめながら協働することを好んだ。晩年に建てた《キャン・フェリス》でも自ら石を切り出し、積み重ねている記録写真が残されている。その作業のかたわらにはいつも妻リスの姿があった。

リビング前の中庭

5 / 風の家

風を感じる場
固定された椅子

《キャン・リス》には中庭が6か所ある。そこに置かれている椅子は固定されている。テーブルの有無、屋根の有無、椅子の数や長さの違い、貼られたタイルの違いなどはあるものの、6つの中庭は場所に応じて様々なスタイルの休息場所となっている。配置図を見ると、4つの住棟以外の外部空間は移動のための通路となっているが、そのところどころに中庭を設け、くつろぐためのスペースとしている。

私は滞在中、椅子に腰掛け、心地よい海風を感じながら、読書に耽ったり、食事をしたりして、日中のほとんどを中庭で過ごした。室内にいても窓がはめ殺しのため、新鮮な空気を取り入れることができないからである。日中は外部で過ごし、風を身体で感じ、自然を楽しんだ。

イタリアやスペインなど南欧では、建物で囲った閉じた空間をパティオと呼び、そこで人がくつろいでいる光景をよく目にする。囲われることによって庭はプライベートな空間となり、人目を気にせず裸で日光浴等を楽しむこともできる。フィンランドの建築家アルヴァ・アアルトは旅先のイタリアでインスピレーションを得て、中庭型の建物である《セイナッツァロの村役場》、夏の家《コエタロ》を設計した。

ではウッツォンはどうであろうか。家族が増え、《ヘレベックの自邸》を増築した際、住棟を増やし回廊で繋げ、中庭型のプランに変更している。《キンゴー・テラスハウス》でもL字形の建物に塀を立て中庭型とした。これは先述したアアルトの夏の家《コエタロ》に非常に類似したプランである。ウッツォンはアアルトの事務所で働いた経験があり、その影響を少なからず受けているのは間違いない。

北欧の中庭は私が知る限り、屋根のあるものは数えるほどしかない。日差しを遮る必要がなく、できる限り太陽の光の恩恵を受けたいからである。一方、地中海のまばゆい光に溢れたここ《キャン・リス》では日差しが強すぎるため、日よけのために屋根が必要となる。キッチンの前の大きな中庭のまわりには屋根付きの回廊がある。その一角には椅子とテーブルが置かれ、固定されている。

　なぜウッツォンはすべての椅子を固定したのだろうか？　強い海風に飛ばされないためだろうか？　室内の椅子やテーブルも固定されていると先に述べた。例えばリスの寝室にある机も固定されていたし、リビングの半月形の長椅子とテーブルも固定されていた。このように家具を固定するのは、日本ではあまり見られない。かつての日本住宅では毎日布団を上げ下ろし、茶の間のちゃぶ台を折りたたむ習慣があった。つまり空間に不要な時はものを仕舞うという文化である。そのため私は家具が固定されていることに違和感を覚えたのである。これには建築家の強い意図があり、「ここに腰掛けなさい」、「ここからの風景を見なさい」と指示しているように思えた。私はウッツォンの意図を確かめようと、固定された椅子に腰掛けてみた。そこに劇的な風景が広がっているわけでもなかった。私が記憶しているのはどの椅子に腰掛けても心地よい風が吹き抜けていったことだった。このスペースは「風を感じる場」なのだと思った。

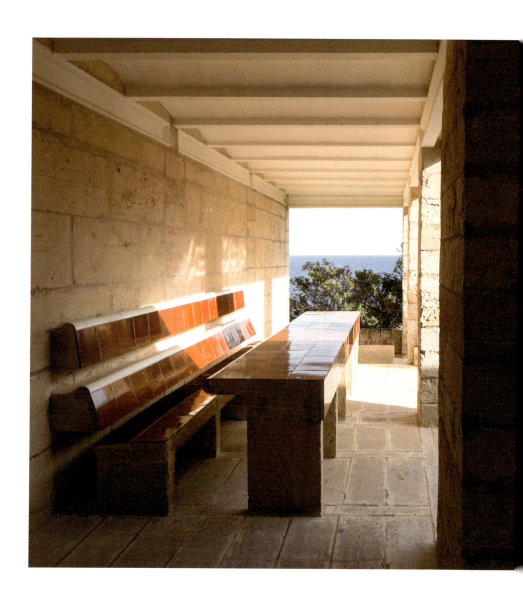

風雨にさらされた実験の場
半月の孔

屋根がない野ざらしの不思議な空間がある。壁に囲われ、少し奥まった場所にある。そこには半月形のテーブルが置かれ、半月形にえぐられた開口部があり、そこから大樹が枝を伸ばしている。もともとあった大樹に配慮したのだろう。その隣の壁には半月形の孔が穿たれている。覗き穴のようである。このようにここはすべて半月のデザインで統一されている。まさに「ハーフムーン通り」という旧住所に由来するデザインが施されている。

この空間は一体何のためのものか。私の仮説は「ウッツォンの実験の場」だと睨んでいる。例えば石を切り出す際、様々な実験がここで行われたのではないだろうか。その痕跡として半月の開口部が残されているのだ。この場こそまさにウッツォンが石という素材と向き合った場、と考えられないだろうか。アルヴァ・アアルトがフィンランド語で「実験住宅」を意味する《コエタロ》を建てたのと同様、ウッツォンもこの住宅で各種実験を行っていたのではないか。アアルトは最初から「実験住宅」と銘打って、その実験内容について述べている。しかしウッツォンは声高に「キャン・リスは実験住宅である」とは明言していない。

ところが暮らし始めると、この住宅のそこかしこに、彼の実験的な要素を感じとることができた。とくにそれを確信したのがこの空間に佇んだときであった。実験のひとつは「壁に孔を穿つこと」＝「開口部をつくること」だったに違いない。なぜなら《キャン・リス》は孔から始まった家だからである。ウッツォンはとりわけこの土地の名に由来する「半月」の孔にこだわったものと思われる。先に述べたが、エントランスホールに出現する「三日月」もメタファーのひとつである。また、半月のテーブルの上に何かを置いて風雨

にさらす、という実験もこの場で行われたのかもしれない。

　この不思議な空間に佇んだとき、どのような経緯でここが出来上がったのか、そしてこの空間の存在意義について、私なりに思いを巡らせてみた。果たして私の仮説が当たっているかどうかはわからない。謎めいている空間である。

半月のテーブルがある中庭

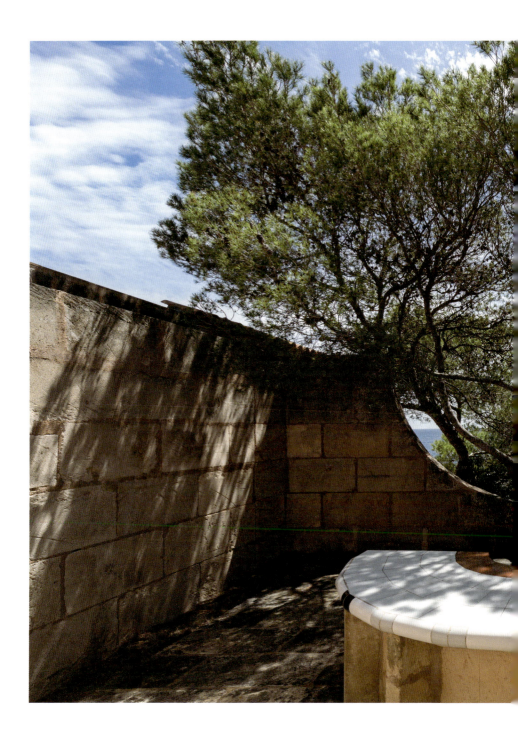

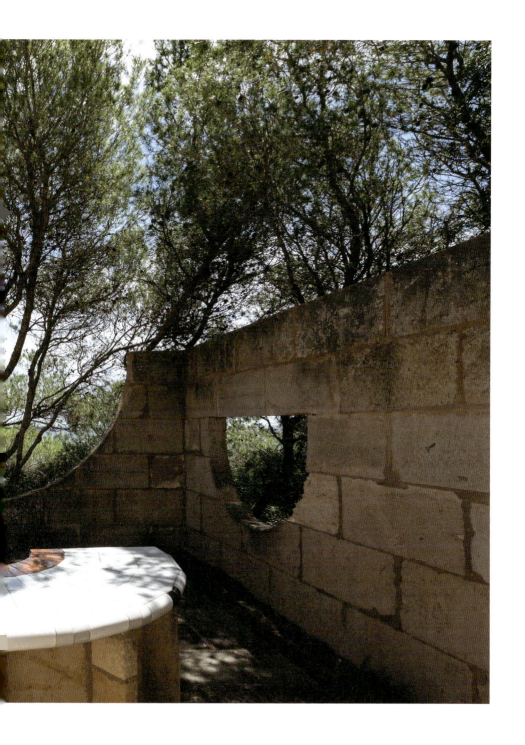

風も視線も通り抜ける
路地空間

　《キャン・リス》は4つの住棟に分かれているため、それぞれの建物の間に路地空間が存在する。人が一人通れる程度の狭い通路であるが、その目的は人のための通路だけではない。視線の抜けによって、建物の間から青い海原が見え隠れし、その日の波の様子などを確認することができる。また、海からの新鮮な風も路地空間を通り抜けていく。建物内部の窓ははめ殺しのため開閉ができず、新鮮な風を取り入れることができない。その代わり、住棟の間の路地空間は人や風の往来が可能であり、それを楽しむことができる。

　さて具体的に見てみよう（P.17）。例えばBゾーンとCゾーンの間の路地は、幅が広く通り抜け可能である。Cゾーンには住棟の反対側に高い壁を設け、通路兼用の前庭とした。壁面にはプランターを設け、そこに植えられた樹木によって、外部の通りとの緩衝地帯としている。通路の床には他の中庭と同様に石を張っている。その一方、住棟間の路地には石を張らずに地面をむき出しにしている。CゾーンとDゾーンの間の路地は非常に狭い。Dゾーンには屋根付きの中庭を設けているため、この路地は視線の抜けを必要としなかったのだろう。壁が迫り来るような印象を受ける。

　そもそも路地空間とは建物配置によってできたすきま空間である。リビングルームの出窓と同じように《キャン・リス》の住棟もそれぞれ不規則に角度が振られている。したがってそのすきまの間隔はそれぞれ異なり、植栽によっても変化がもたらされる。そこから見える景色、通過の体験は結果として多様性を持つことになった。《キャン・リス》ではこのように敷地全体を使って多様な試みがなされている。分棟形式としてゾーニングし、各住棟の配置、すきまに出来た路地の活用も、ウッツォンにとっては実験のひとつだったに違いない。

BゾーンとCゾーンの間

夜のリビング、閉じられた扉

6

扉の家

扉の向こう側

　扉があると、開けたくなる。それは人間の心理である。その向こう側はどのような世界があるのか。
　《キャン・リス》の正面エントランスには木製の扉がある。屋根のかかったエントランスポーチには、白と濃紺のタイルを組み合わせた椅子が置かれている。この空間はエントランス扉が開かれるのを待つためのスペースである。このようにエントランス前に屋根付きのポーチがあり、そこに椅子が置かれているのは非常に珍しい。デンマークではほとんど見かけないし、ウッツォンが設計した他の住宅を思い浮かべても、《キャン・リス》以外にこのような空間を持つ住宅はなかった。ではマヨルカ島によくある空間なのかと近隣の住宅地を歩いてみたが、これと類似のものは見つからなかった。私はまるで茶室に向かう「待合」のようだと思った。

　最初の扉。それが開かれると三日月の孔が穿たれたタイルの壁が現れる。これは先ほどのエントランスポーチにあった椅子と同じタイル素材で出来ている。エントランスポーチの待合空間は扉の向こう側を想像する場所である。扉が開かれ、そこに先ほどと同じ素材が現れると、両空間の間に連続性が生まれる。しかし私にとって三日月のデザインは想像していなかった意外性のあるものだった。なぜ三日月なのか。その壁をよく見ると三日月の下に月の満ち欠けが示されていることに気づく。それはエントランスポーチで目にした椅子のデザインのパターンと類似していた。エントランスポーチに置かれた椅子は白と濃紺の2つの三角形を組み合わせて四角にしたタイルが貼られていた。そう、これは「半月」＝「ハーフムーン」を意味するのだ。この謎解きができたのは実は帰国後のことであった。それに気づくと《キャン・リス》の中庭に置かれている椅子は半月を意味するタイルが多いことに気づく。ウッツォンは半月のメ

タファーをタイルで表現していたのである。

　ところで、《キャン・リス》の扉の素材はほとんどが木である。装飾もなくいたってシンプルで天然の木をそのまま活用している。ただし場所に応じていくつか違う種類の扉があった。大抵はエントランス扉と同じ一枚の木製扉だったが、夫婦の寝室があるCゾーンの入り口扉は二重だった。扉を開けるとまた扉が現れるのだ。外側が鎧戸で、内側は大きなガラス戸。鎧戸は自然換気を目的とした扉で、戸を閉めていても空気が行き来する。ガラス戸は自然採光を目的としており、戸を閉めていても光が通過する。この2つの機能を組み合わせ、Cゾーンの入り口扉は考えられた。ここは夫妻が長い時間を過ごすプライベートな空間なので機能を重視し、閉じながらも光や風が通過する2種類の扉を設けたのだ（p.95上）。

ウッツォンの寝室から2つの扉を介して、リスの寝室をのぞむ

エントランスホールからリビング前の中庭をのぞむ

扉の多い家

「扉」と「窓」の違いは何かと考えると、「窓」は壁の一部に孔が穿たれた状態をいう。「扉」は人や物の行き来ができる開口部で「開き戸」をさす。「と」が「ひらく」から「とびら」なのだ。「扉」は閉めることで向こう側の世界とこちら側の世界を視覚的に遮断することになる。その一方「窓」には大抵ガラスがはめられているため、閉じていても視覚的に向こう側の世界と連続しているように思える。

《キャン・リス》の特徴は「窓」であり、本書は「窓」からウツツォンを読み解くことを試みているが、実は「扉」が多いのも《キャン・リス》のもうひとつの特徴であった。数えてみると、17の木製扉、5つの鎧戸、2つのガラス戸、5つの折戸と、種類も多かった。分棟形式の《キャン・リス》は外部を通過して移動するので、雨の日は傘をささなければならない。棟ごとに扉があり、さらに部屋ごとに扉があるので、移動の際は常に鍵を持ち、一つひとつの扉の開け閉めをしなければならない。私が最後までなじめなかった点である。分棟形式は各棟の独立性を高めるというメリットはあるものの、防犯上扉が多くなってしまう。あまりの扉の多さに辟易し、実際のところ不便でならなかった。

P.94の写真ⅠはDゾーンのスタジオから見た2つの扉である。まったく同じ木製の扉である。一方は中庭へ通じ、もう一方は書斎に通じている。写真ⅡはCゾーンのリスの寝室から見た2つの扉である。一方は中庭へ、もう一方は廊下へ通じている。中庭へ行くにはさらにもうひとつ、鎧戸の扉を開かなければならない。扉の向こうに扉が登場するのである。

ドアノブの位置を見ると、ⅠとⅡとでは異なっていることに気づくであろう。Ⅰでは右側の扉は右にドアノブがついているが、Ⅱで

は右側の扉は左にドアノブがついている。それはなぜだろうか？その答えを私はまだ見つけていない。

　「あなたならどっちの扉を開く？」と運命の選択を迫られた気分になる。その扉を開けると、それぞれまったく別な空間に繋がっていた。

Cゾーンの入り口扉

写真Ⅰ　スタジオ

写真Ⅱ　リスの寝室

94

Cゾーンの入り口扉

ダイニングの扉　　　開くと見える扉　　　さらに奥にある扉

column | 006

不在の存在
ハンマースホイの気配を感じる室内

扉を開けるとそのまた向こうに扉があり、それが何度も繰り返し登場する。《キャン・リス》のダイニングルームの写真（P.95下）を見てみよう。扉を開けるとそのまた向こうの世界が気になり、奥へ奥へといざなわれる、そんな空間体験をここでは味わうことができるのだ。

再度デンマーク人画家ハンマースホイの絵画を見てみよう。扉が開かれ、次の間、さらにその次の間へと、扉が開かれている構図である。これは何度も登場するストランゼゲーゼ30番地の自邸を描いたものである。開け放たれた白い扉が印象に残る不思議な絵である。時には黒いワンピースを纏った女性の姿、妻イーダが描かれることもある。その場合、ほとんどは彼女の後ろ姿であり、存在感を極力消しているように

も受け取れる。しかし扉が開かれていることによって、空間に動きが与えられ、空気の流れや、一番奥の部屋からの光を感じ取れる。この絵から何者かの存在や気配がうかがえる。実際に描かれているものは無人であっても、この絵画には「不在の存在」が描かれているのだ。

ハンマースホイはストランゼゲーゼ30番地で妻イーダとふたりで暮らしていた。ヨーン・ウッツォンもまた《キャン・リス》で妻リスとふたりで暮らしていた。視線の中に入らなくても、その場では不在であっても、互いの存在を気配で感じながら暮らしていたのだろう。扉を閉じると「私の世界」、扉を開くと「私とあなたの世界」に変わる。ふたりで暮らすということはそういうことなのだ。

ヴィルヘルム・ハンマースホイ《室内、ストランゼゲーゼ30番地》1900頃、ヘルシンキ、アテネウム美術館

ヴィルヘルム・ハンマースホイ《白い扉、あるいは開かれた扉》1905、コペンハーゲン、デーヴィス・コレクション

キッチンよりダイニングを見る

ダイニングから中庭をながめる

キッチンの扉

キッチンは調理する場なので、換気が重要で、匂いや煙がこもらないよう、空気を循環させる必要がある。《キャン・リス》のキッチンではそのための開口部が流しの上に設けられている。ここも先述したCゾーンの入り口と同様、二重扉になっていて、内側がガラス窓、外型が鎧戸になっている。

キッチン、バスルームなどの水まわりは2011年に改修工事が行われたが、基本的にキッチンの窓まわりのデザインは変わっていない。

私が一番驚いたのは流し台の高さである。北欧デンマークで暮らしていたときに体験した流し台の高さにもびっくりしたが、ここはそれよりもかなり高いのだ。長男ヤンに両親の身長を尋ねたところ、母リスは175cmで父ヨーンは193cmだったという。なるほど長身の夫婦だったゆえ、この流し台の高さになったのだと納得した。

収納が多いのも特徴のひとつである。ここでも棚板はすべて固定されていた。日本であれば棚板は取り外しできるデザインが多いが、ウッツォンのデザインにはこのような考えはない。ある意味「潔いデザイン」といえる。リスの寝室にも同じ収納棚があった。おそらく妻の意見を取り入れ、収納を多く設けたのだろう。

愛妻家ウッツォンが妻と過ごすために設計した理想の住宅。余計なものを削ぎ落としたシンプルなデザインとしたが、実用的な要素もところどころに見受けられる。それはきっと妻の具体的な要望を聞き入れた結果に違いない。さりげないところで、夫婦の愛を感じる幸せに満ちた家だった。

キッチン

ダイニング

[第2部]
ウッツォンとは

ウッツォンの生涯

自然から学ぶ

ヨーン・ウッツォン（1918-2008）は、デンマークの首都コペンハーゲンに生まれた。その後、造船技師の父親の仕事の関係でオールボーというデンマーク第三の都市へ引っ越し、そこで少年期を過ごす。子どもの頃のウッツォンは父親に連れられ、よく釣りや狩りに出かけたという。釣りに行けば水の動きに敏感になり、待つ間は空を見上げ、流れる雲の動きを目で追った。狩りに行けば木陰に身を隠し、息を潜めて獲物を待った。森の中でどこに身を隠したら良いか、周辺環境を敏感に察知する能力を身につけた。建築家になってからも毎日３時間の森の散歩は欠かさなかった。ひとりで森を歩き、時には家族と一緒に歩きながら、インスピレーションの源を常に自然に求めていた。自然はウッツォンの創作活動や日常生活に欠かせない、大切な存在であった。

建築家を目指す

ウッツォンは父親の仕事を誇りに思っていた。父親がつくった美しいヨットをウッツォンは長らく、プライベートコレクションとして維持、保管してきた。現在はオール

ヘレベックの森

ボーにある《ウッツォン・センター》で常設展示されている。幼い頃から父親の仕事場に出入りしていたウッツォンは、大きな船が徐々に出来上がっていくプロセスに興奮を覚え、ものづくりにかかわる仕事、とくに芸術家という職業に憧れを抱くようになった。

叔父で彫刻家のアイナー・ウッツォン・フランクに進路を相談したところ、彼は芸術家ではなく、建築家の道を勧めた。それは父親が手がけている船よりもさらに大きな造形物を創造することに繋がった。

ウッツォンは1937年にコペンハーゲンにあるデンマーク王立芸術アカデミー建築学科へ入学する。授業では竣工したばかりの《グルントヴィ教会》(1940) が取り上げられ、デンマークの伝統とモダニズム建築の融合が論じられた。《グルントヴィ教会》とは P.V. イェンセン・クリント (1853-1930) がコンペに優勝した1913年から27年もの年月をかけ、死後は息子が引き継ぎようやく実現した建築である。外壁にはデンマークの伝統的な黄色のレンガが用いられ、職人によって一つひとつ丹念に積み上げられ、時間をかけて建設された建築だった。出来上がった教会はパイプオルガンのような造形で、街のシンボルとして今でも地域の人々に愛されている。

デンマーク王立芸術アカデミーのカリキュラムで、建築を学ぶ学生は職人として働くことが義務づけられていた。

「我々は大学1年目の4か月間は職人として働かなければならなかった。(中略)入学して簡単な構造のドローイングと空間のスケッチを学んでから、学外で4か月間、大工かレンガ職人の仕事をしなければならなかった。翌年も同様だった。(略) 私は最初の4か月間ヘルシンゲルで大工の仕事をしたが、祖母が海岸のそばに土地を少し持っていて、そこに建物を建てさせてくれるというのだ。そこで大工に尋ねた。『ここに私が木造の住宅を建てることになったら、あなたのもとで4か月働いていたと署名してもらえますか?』と。こうして私は初めての住宅を自分で建てたのである」。

(ヨーン・ウッツォンとポール・エリック・トイナーの対話、マイケル・ユール・ホルム編「Jorn Utzon: Architects' Universe」ルイジアナ現代美術館、2004)

ウッツォン・センター

グルントヴィ教会

ウッツォンはその後、《ヘレベックの自邸》（1952）でもデンマークの伝統的な黄色のレンガを用い、職人と協働して一つひとつ丁寧に積み上げている。それは学校で学んだ理論と実践が基盤になっていると言えるが、同時に腕の良い職人に敬意を払い、ともに一つのものをつくり上げるプロセスは、幼少の頃、父親の造船所でよく目にした光景と共通するものであった。

スウェーデンやフィンランドで得たもの

1942年にデンマーク王立芸術アカデミーを卒業したウッツォンは、卒業と同時に医師の娘リス・フェンガーと結婚する。ふたりはドイツ軍に占領されたデンマークを離れ、友人のトビアス・ファイバーとともに中立国スウェーデンへ渡る。リスはデザインの教育を受けていたが、自分がやりたいことに情熱を注ぐタイプではなく、陰で夫を支える芯の強い女性であった。そのおかげでウッツォンは建築家の仕事に専念することができ、ふたりは3人の子どもに恵まれた。

スウェーデンでは約3年間過ごし、とくに18歳年上の建築家アルネ・コルスモ（1900-1968）との出会いはウッツォンに強い影響を及ぼした。コルスモはノルウェーの戦前戦後の建築界を牽引したモダニストで、明るく社交的な性格で常に多くの友人に囲まれていた。コルスモの当時の妻グレタ・プリッツ・キッテルセンは、リスとは対照的で独立したデザイナーとして名声を手に入れていた。コルスモ夫妻は「ノルウェーのイームズ夫妻」と称されるほど、互いに才気溢れた華やかなカップルだった。

ウッツォンはコルスモに誘われ、ストックホルム国立博物館に建設された茶室《瑞暉亭》※を訪ねた。周辺の自然環境と見事に調和した茶室は、幼少の頃より自然とともに過ごしてきたウッツォンの心を鷲掴みにした。それは初めて目にする日本建築だった。それまで雑誌や書物でしか知り得なかった日本建築が北欧に現れたことは画期的な出来事となり、《瑞暉亭》はウッツォンのみならず北欧各国から数多くの建築家が訪れる聖地となり、彼らの心をとらえた。

フィンランドの建築家アルヴァ・アアルト（1898-1976）も1944年にスウェーデンに渡り、《瑞暉亭》を訪れている。その際、アアルトはスウェーデン建築協会で講演を行っている。ウッツォンはその講演を聞き、

※1953年に建てられた《瑞暉亭》は1969年に消失してしまい、1990年に再建された。

茶室《瑞暉亭》

すっかり魅了されてしまったようだ。アアルトの話術はもちろんのこと、その内容自体にも強い関心を示す。最も印象的だったのは桜の木の枝につく葉の位置に関する話だった。植物の規則性や幾何学的な構造に関する話で、それがきっかけでウッツォンは構造の美しさを自然界に見出すようになった。そして第二次世界大戦が終結するとウッツォンはスウェーデンからフィンランドへ渡り、アアルトの事務所の門を叩いた。

アメリカでの交友関係が次のステップに

ウッツォンはアアルトの事務所で数か月働いた後、1945年にデンマークに戻り事務所を開設するが、仕事の依頼はほとんどなかった。盟友トビアスらとコンペに勤しむが、連戦連敗であった。師または兄のように慕っていたノルウェーのコルスモといくつかのコンペに参加したが、それも実現には至らなかった。ウッツォンは再び海外に目を向け、モロッコやフランスを放浪し、1949年コルスモ夫妻がアメリカへ渡ると、ウッツォンもそれを追うような形で奨学金を手に入れ、同年アメリカへ渡る。北欧の建築家たちは戦時中ドイツ軍に侵略されていた苦い経験を払拭するため、戦勝国アメリカへ活路を見出し、こぞって渡米している。憧れのフランク・ロイド・ライト（1867-1959）の《落水荘》（1935）、《ジョンソン・ワックス研究所》（1939）等を訪ね、ライトに会うためタリアセン・ウェストにも訪問した。193cmの長身のウッツォンに比べ、ライトの身長は思いのほか低かったが、巨匠の存在は大きく威厳を放っていたと回顧している。一方、シカゴで出会ったミース・ファン・デル・ローエ（1886-1969）は気難しいライトに比べ親しみやすかったと懐述している。

そしてウッツォンは運命の人物に出会う。エーロ・サーリネン（1910-61）である。サーリネンは1956年に行われた《シドニー・オペラハウス》のコンペでウッツォンの案を強く推した人物である。父親のエリエル・サーリネン（1873-1950）は《ヘルシンキ中央駅》（1919）の設計者として知られているが、1923年に《シカゴ・トリビューン・タワー》のコンペで2位になったのをきっかけに家族全員でフィンランドからアメリカへ移住していた。その息子エーロ・サーリネンはウッツォンと出会う前年

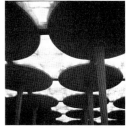

ジョンソン・ワックス研究所（ウッツォン撮影）

の1948年に開催されたセントルイスの《ゲートウェイ・アーチ》のデザインコンペで優勝し、全米で若手のホープとして注目されていた。

ウッツォンは少し年上のエーロに対し、羨望の眼差しでそのコンペ案を目にしていたに違いない。それは高さ192mの放物線を描くアーチで、構造エンジニアの協力なくしては実現できなかったもので、完成まで17年も要している。出来上がった巨大なコンクリート構造は、アーチを支える鉄骨トラスによって成立し、それを光る素材のステンレスが覆う美しい造形である。

《シドニー・オペラハウス》コンペ時の1955年、サーリネンの代表作のひとつである《マサチューセッツ工科大学礼拝堂》とその隣にある《クレスジ・オーディトリアム》は竣工したばかりであった。《クレスジ・オーディトリアム》は構造の美しさが際立つ造形で、シェル構造の屋根は球体を8分の1切り取った曲面で出来ていて、端部3点で支持され、それが軽やかに立ち上がっている。サーリネンはウッツォンのコンペ案と自分の設計との類似点をすぐに見抜き、同胞としてその可能性にかけることにしたのではないだろうか。

また、サーリネンの代表作であるニューヨークの《ジョン・F・ケネディ空港のTWAターミナル》(1962)とウッツォンの《シドニー・オペラハウス》の類似性を指摘する人も多い。双方とも大胆な曲面の造形にコンクリートシェル構造を取り入れた革新的なデザインである。サーリネンはウッツォンの《シドニー・オペラハウス》のコンペ案から、何らかのヒントを得て、触発されたのかもしれない。そのサーリネンが《シドニー・オペラハウス》の完成を待たずに1961年に脳梗塞で早世したのは悔やまれる。

デンマークで自邸を建設

アメリカでの知見を得て、1950年にデンマークに戻ったウッツォンは、自分の夢や理想が詰まった自邸を建てることにした。生まれ育ったヘルシングアに近い、手つかずの自然が残るヘレベックに敷地を見つけた。今でも舗装されていない細く曲がりくねった林道の先にある。近くには大きな湖があって、運が良ければ野生の鹿を見かけることもできる。そんな大自然が広がる地にウ

クレスジ・オーディトリアム

ジョン・F・ケネディ空港のTWAターミナル

ッツォンは自分の理想を掲げて自らの住まいを建てた。それはデンマークゆかりの黄色のレンガを用いた小さな住宅であった。低い水平ラインが美しく、眼前の草原に向かって大きなガラスの開口部が設けられているのが特徴である（P.122-123参照）。

フランク・ロイド・ライトの影響

帰国後に建てた自邸であるため、アメリカでの知見がいくつかうかがえる。例えばフランク・ロイド・ライトが提唱していた「ユーソニアンハウス」という一般の家族を対象にした平屋の小住宅の影響である。水平線を強調したプロポーション、緩やかに繋いだ流動的な室内空間などは、ライトがそれ以前に展開していた「プレイリーハウス」の流れをくんでいるが、「ユーソニアンハウス」はウッツォンがライトのタリアセン・ウェストを訪ねた際、展開していた最新の住宅スタイルだった。大地と連続した外に開かれた内部空間、レンガ、ガラス、鉄、木など素材そのものの特質を生かしたデザイン、人間の動作に応じた尺度などがそのコンセプトである。ライトとの違いは、住宅と広大な庭との境目に黄色のレンガブロックを敷き詰めた「基壇＝プラットフォーム」を設けていることである。ウッツォンにとって「プラットフォーム」は独自のデザインであり、初期の段階から用いていることがわかる。

ミース・ファン・デル・ローエの影響

なだらかな傾斜地の上に立ち、ガラス面の大きな開口部を設けている《ヘレベックの自邸》のプロポーションはミース・ファン・デル・ローエの《ファンズワース邸》（1951）を彷彿とさせる。ミースはウッツォンと出会った頃、シカゴの《イリノイ工科大学キャンパス計画》に取り組んでおり、合理的なモジュールシステムを展開していた。ウッツォンは《ファンズワース邸》の端正なプロポーションのみならず、《イリノイ工科大学》のモジュールシステムを自邸で応用しようと考えた。そして120mmのレンガブロックを基本モジュールに考え、熟練したレンガ職人と協働して、時間をかけて一つひとつ丁寧に積み上げていった。ウッツォンが選んだ黄色のレンガは先述した《グルンドヴィ教会》などでも用いられているデンマーク特有のもので、どこ

ファンズワース邸

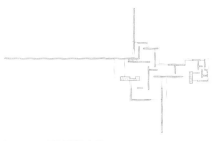

ミースのレンガ造田園住宅案

にでも見られるなじみのものである。ウッツォンはレンガ壁を立ち上げるところから建設を始めており、おそらくミースの《レンガ造田園住宅案》(1924) も参照しているのではないだろうか。レンガを基本モジュールと考える手法は他の住宅でも転用され、例えばマヨルカ島の《キャン・リス》ではレンガを石に変えて展開している。

日本建築の影響
デンマークでは日本建築を意識したモダニズム住宅が1950年以降にブームとなる。それはストックホルムの茶室《瑞暉亭》の影響が少なからずあった。ウッツォンも日本建築の美意識や合理主義を《ヘレベックの自邸》の設計に取り入れている。例えば庭に向かって開かれた大きな開口部は引き戸によって構成されており、内部と外部が連続する日本的な空間の再解釈とも読み取れる。住戸内部にもフレキシブルに空間を区切る引き戸を設けており、日本の襖や障子を引用したものと思われる。長方形のシンプルなプランであるが、それはデンマークの戦後の法律で定められた130㎡以下の面積に抑えるためであった。このように洗練されたミニマムなデザインは、戦後のデンマーク・モダンハウスの先駆けとなった。

実験すること、試作すること
ウッツォンは建設前に実物大の試作模型をつくり、両親に見せようとした。おそらく造船技師の父親に実物大のスケールで見てもらいたかったのだろう。しかしその前夜、嵐によって倒壊し、両親に見せることは叶わなかった。息子ヤンによれば、父は模型をつくっているときが一番生き生きとしていたという。また、ウッツォンの家族はクリスマスや誕生日のプレゼントは必ず手づくりのものというルールがあった。手仕事にこだわるウッツォンらしいエピソードである。

そしてウッツォンが《ヘレベックの自邸》で試みた画期的な取組みのひとつは、デンマーク初の床暖房のシステムである。これは寒冷地デンマークにおいて快適な室内環境を求める先駆的な試みとなった。このようにウッツォンは初めての自邸で様々な取組みを行い、家族の増加や成長とともに自邸の増改築を繰り返し、いろいろな実験を試していたのである。

ヘレベックの自邸　平面図

自邸での家族団らん

《ヘレベックの自邸》が竣工すると、それが話題になり、しだいに仕事の依頼が来るようになった。翌1953年にはコペンハーゲン郊外の高級住宅地ホルテに住宅設計を依頼され、その4年後に竣工したのが《ミッデルボー邸》である。

この住宅でもまた、ウッツォンは実験を試みている。外観はミースの《ファンズワース邸》を彷彿とさせるもので、地上から持ち上がった姿から別名「竹馬ハウス」と呼ばれた。《ヘレベックの自邸》での経験を踏まえ、林の奥という不便なアクセスに対処できるよう、プレファブリケーションの工法を取り入れた。骨組みを色分けし、構造体のフレームを黒、梁と構造体以外を赤で塗り分けている。この黒と赤のカラースキームは中国の木造建築の仕組みを踏襲しているという。《ファンズワース邸》よりも高い位置に持ち上げ宙に浮かせているのは、すぐ脇を流れる小川や周囲の自然を高い視線から鑑賞するためである。そのため大きなガラス窓を連続して設けている。それは《キャン・リス》と同様すべて固定された「はめ殺し窓」であった。「景観のための窓は開放する必要がない」というデザイン思考はその頃からあったことがうかがえる。それに対し西側はカラマツ材の壁で閉じ、スリット状の開口部を設けている。「微妙に変化する自然の光の状況を克明に映し出す背景を寝室にデザインした」とウッツォンは述べている。このスリットはやがて《キャン・リス》のリビングルームで再現され、「光の梁」が劇的に空間に現れる現象をつくり出した。

平面図を見ると《ヘレベックの自邸》と同様リビングの中央にキッチンを配しコアとしている。これは当時アメリカで流行していたモダンハウスの主流のスタイルだった。そこにウッツォンも新しさやモダンさを見出したのだろう。その住宅では当時、子どものいない若夫婦が仕切りの少ない流動的な空間で、高い位置から風景をのぞむモダンな暮らしをしていた（P.124-125参照）。

規格化と配置
中庭型の集合住宅
ウッツォンは1950年代から60年代にかけて秀逸な集合住宅を設計する。その代表格が《キンゴー・テラスハウス》（1958）で

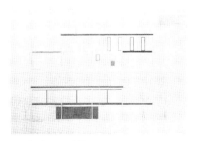

ミッデルボー邸　立面図

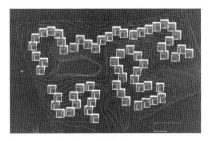

キンゴー・テラスハウス　配置図

ある。なだらかな丘陵地に池を囲むように中庭型の戸建て住宅が雁行型に配置されている。これはアメリカのラドバーンシステムという都市計画を手本にしている。つまりニュータウンにおいて住民と無関係の自動車が通り抜けできないよう袋小路を設け、その周りに住宅を配置するという計画である。さらにウッツォンは周囲の自然を介し、住民同士が良質な関係を築けるよう有機的な配置を提案した。独立した個々の平屋住居はいずれも正方形の敷地にL字形の住棟を設置し、敷地境界を壁で囲い、プライベートな中庭を設けている。別名「ローマンハウス」と呼ばれているが、ウッツォンはローマ風住宅だけを参照しているのではなく、中国の四合院など複数の中庭型住宅を参照している。またスケールの大きさからいえば、アルヴァ・アアルトの夏の家、別名《コエタロ》(1954)を彷彿とさせる。尊敬する師アアルトの建築を参照したのはいうまでもないだろう。また《ヘレベックの自邸》と同様、黄色のレンガブロックを用い、外に対しては閉じ、開口部も最低限しかない。しかし中庭に対しては開口部を大きく設け、開いている（P.126 127参照）。

その後、ウッツォンは戸建て住宅が連続する《フレデンスボーハウス》(1963)を設計する。その配置は壁で囲った中庭型住宅がネックレス状に一連に繋がった形状となった。これは《キンゴー・テラスハウス》のように既存の自然と共存するために練られた配置計画とは異なる。敷地は整備された土地に全面芝生が張られ、まるでゴルフ場のようである。ウッツォンはこれらの住宅群の設計を通じ、住宅そのものを規格化し、それをどのように配置するか、幾何学的に構成していく思考を展開するようになった。

デンマークでのコンペ
彫刻的造形の嗜好

《シドニー・オペラハウス》のコンペ以前に、ウッツォンはデンマークで《ランゲリーニ・パヴィリオン》のコンペに参加している。ウッツォンの案は残念なことに入賞を逃すが、シンボリックな建物のデザインコンペに参加したことが次の《シドニー・オペラハウス》のコンペに繋がることになった。ウッツォンの案は円形の皿を幾重にも重ねたようなタワー案だった。

キンゴー・テラスハウス　平面図

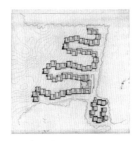

フレデンスボーハウス　配置図

建築評論家ケネス・フランプトンによれば、ウッツォンはアメリカで出会ったライトの影響を強く受けているという。ライトの《ジョンソン・ワックス研究所》と《ランゲリーニ・パヴィリオン》の類似性が指摘されている。さらにライトの《グッゲンハイム美術館》の螺旋階段を模し、《シルケボー美術館》(実現せず)が提案されたとも指摘している。しかしこれら有機的で彫塑的な建築は実現することはなかった。

人生の転機となる《シドニー・オペラハウス》

　「オペラハウスを構想したとき、私は白というのを意識したのだった。帆と同じく屋根というのは強い昼光を浴びて白く輝くものであり、すべては太陽が東から頭上へと上がるに連れて正気を帯びてくるものである。(略)屋根は繊細なものとなるだろう。単に光と影だけを頂いた建物と異なり、1日を通して常に変わりゆく何か生きたもののようになるのである」

(ウッツォンの言葉、ケネス・フランプトン
『テクトニックカルチャー』より)

　1956年、オーストラリアのニューサウスウェールズ州政府はシドニーに新しいオペラハウスを建設するための国際コンペを行った。敷地はベネロングポイントという岬の先端。そこから海とハーバーブリッジをのぞむ絶景が広がっている。世界中の有名建築家がこぞってコンペに参加し、全部で223案が受理された。コンペでは細かいプログラムの指示はなく、図面枚数やその大きさの制約さえなかった。「世界で一番美しいオペラハウスをつくること」がコンペの最も大きな課題であった。当初、ウッツォンの案は落選したが、審査員の一人サーリネンの強い推しで再浮上したのである。ウッツォンが提出したものは素朴なスケッチだった。海に浮かぶヨットの帆のような、陸に舞い降りた鳥の翼のような、繊細な線によって描かれた詩的で想像力を掻き立てるスケッチ。大きな屋根を意識したものだった。

　ウッツォンのコンセプトは極めて明快であった。「1つの基壇(プラットフォーム)、2つのコンサートホール、3つの屋根ヴォールト」である。広大なプラットフォームの上に、白いシェル構造の3つの建物があ

ランゲリーニ・パヴィリオン　模型

113

り、その入り口には大きなガラスの開口部を設けている。建物は連結されたアーチ状のシェルによって覆われている。ウッツォン本人によれば、「シェル」は「オレンジの房」をイメージしたという。

「私のデザインは港に停泊しているヨットか貝殻から思いついたものだ、と多くの人が語っている。だが違うのだ。オレンジのつもりなのだ。オレンジを剥ぐと、実に袋が入っていて、同じ形をしている。私の模型はこの形に似せたのだ。港に泊まっているヨットに似せようとはまったく考えていなかった。」

(ウッツォンの言葉、エリック・エリス
「Good Weekend」1992.10.31 より)

次のスケッチを見るとオレンジの房は有機的な造形となって、まるでパオのようにも見える。大階段の上に設けられた入り口はぽっかり口を開けて、人々を内部へ誘っている。

この詩的で彫刻的な美しい造形を可能としたのは、オヴ・アラップ(1895-1988)という優れた構造家の存在があったことを忘れてはならない。「球体の一部を用いて屋根の形状とする」というウッツォンの案を具体的に解決に導いたのは構造エンジニアだった。コンクリートのリブをヴォールトにしてそこにタイルを貼り、美しいシェル構造が実現した。日の光を浴びて輝くタイルはウッツォンが訪れたイスラムのモスクのドームから着想を得ているが、屋根のカーブに合わせて貼ったタイルのパターンはアラップの技術なしには実現できなかった。このようにウッツォンの芸術的な感性やひらめきを実現するには、構造エンジニアとの信頼関係とチームワークが不可欠だった(P.128-129参照)。

実際には、オペラハウスの実施設計は複雑で困難を極め、ついに1966年州政府と折り合いがつかず、ウッツォンは設計担当者から外されてしまう。1973年10月20日、《シドニー・オペラハウス》のオープニングにウッツォンの姿はなく、二度とその地に足を踏み入れようとはしなかった。次男キムによれば、「もしそのままシドニーに残っていたら、ストレスや葛藤で建築家としてダメになっていただろう」と述べている。設計プロセスやウッツォンの苦悩について

オペラハウス　イメージスケッチ

同左　イメージスケッチ

当時ウッツォンの事務所で働いていた日本人建築家三上祐三の著書『シドニー・オペラハウスの光と影 天才建築家ウッツォンの軌跡』(彰国社、2001年) で詳しく述べられている。

マヨルカ島に行き着くまで
シドニーを離れたウッツォンの頭に「デンマークにそのまま帰国する」という選択はなかったようだ。オーストラリアから日本、ハワイなどに渡り、傷心を癒やしている。実は日本へはそれ以前より度々訪れているが、伝統的な日本建築や日本庭園のみならず、漁村や農村にも足を運んだ。ウッツォンのアーカイブには、京都の銀閣寺の写真が残されている。観音殿(銀閣)から撮影したもので方丈と東求堂が見えるが、庭という外部空間と内部空間が連続している日本独自の空間構成に興味を持ったに違いない。

そのウッツォンが、スペインのマヨルカ島に移住を決心したのは1968年。最初は見晴らしのよい山の中腹(後にキャン・フェリスが建てられる場所)に土地を購入している。ウッツォンはそれ以前1958年にもマヨルカ島を訪ねているが、当時はシドニーに腰を据えるつもりだった(シドニー郊外のベイビューという地に土地を購入している)。最終的にマヨルカ島のポルト・ペトロという小さな港町に、海を見下ろす崖地を見つけたのは1970年。そこに妻リスと次男キムと3人で暮らす家を建てることにしたのだ。すでに長男ヤンと長女リンはデンマーク王立芸術アカデミーの学生として親元から巣立っていた。

家族の総力の結集
《バウスヴェア教会》
1972年ウッツォン夫妻はマヨルカ島の《キャン・リス》に移住した。しかしデンマークや他の国での建築プロジェクトを抱えていたため実際は定住せず、デンマークとの間を行き来していた。その3年後の1975年、建築家としてのキャリアを歩み始めていた長男ヤンが片腕となり、設計事務所「ウッツォン・アーキテクツ」を創設する。そして家族の総力を結集して出来たのが《バウスヴェア教会》(1976)である。一見すると工場のような無機質な外観であるが、礼拝堂内部に一歩足を踏み入れると、外観か

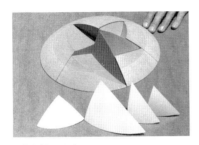
球体分割のスタディ

京都・銀閣寺 (ウッツォン撮影)

らは想像もつかなかった豊かな空間が広がっている。白を基調とした温かみのある静謐な空間。視線を祭壇から天井に向けると、波のようなうねる曲面が頭上に現れる。それはあたかもそびえ立つ入道雲のような造形で、壁に当たり拡散した太陽光が淡い光の粒子となって舞い降りてくる。《キャン・リス》で体験した地中海のまばゆい光やリビングルームに現れる光の梁ではなく、デンマークの灰色の空に浮かぶ、雲間から差し込む光を表現していた。ウッツォンは曇天の多いデンマークでは強い光ではなく柔らかく淡い光が空間に適していると考えたのだ。それを実現させるには太陽光を攪拌させる必要があった。ダイナミックな曲面の壁は反射板の役割を果たし、天井からの光を乱反射させ、微弱でぼんやりした光をつくり出した。

　ウッツォンのイメージスケッチを見てみよう。雲の合間から差し込む光をこの教会で再現したかったことが読み取れる。天井が大きくうねっているのは、まさに巨大な入道雲を表現している。もうひとつのスケッチには大地の先に青い水平線が見える。マヨルカ島の《キャン・リス》でウッツォ

ンが毎日目にしていた風景ではないだろうか。正面に十字架が掲げられ、人々が集まっている。ウッツォンがつくり出したのは厚い雲間から差し込む一瞬の光ではなく、ぼんやりした光が充満する空間だった。

　うねる天井、部分的に使われている濃紺の半円シリンダ型のタイル。既視感があるデザインはアルヴァ・アアルトの空間を想起させた。アアルトは音響を考慮して《ヴィープリの図書館》で天井のデザインを有機的な曲面にした。それ以来《ニューヨーク万博のパヴィリオン》でも有機的な曲面を壁にして建築空間に取り入れている。光に関してもアアルトは《ヴェネチア・ビエンナーレのフィンランド館》で反射板を持つトップライトを導入し、その後デンマークの《オールボーの美術館》でも反射板のデザインを展開している。ウッツォンはその反射板のことを知っていたに違いなく、それを《バウスヴェア教会》で応用したのだろう。ウッツォンは礼拝堂に取り入れる光を考慮し、この有機的なデザインに至ったに違いない。

　《シドニー・オペラハウス》での挫折を乗り越え、祖国デンマークで新境地を開く

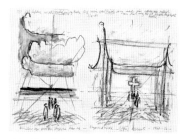

バウスヴェア教会　イメージスケッチ

同左　天井の断面スケッチ

116

きっかけとなった《バウスヴェア教会》に家族総出でこのプロジェクトにかかわった意義は大きい。長女リンは司祭者の衣類などのテキスタイルやカーペットのデザインを行い、芸術家への道を歩み始めた。長男ヤンは主に礼拝堂内の椅子や棚などの家具を担当し、このプロジェクトを契機に実質的な仕事をこなすようになっていた（P.130-131参照）。

アラブでの活躍

ウッツォンは1980年代頃より、アラブから仕事が舞い込むようになる。実現した《クウェート国会議事堂》（1982）は、しなやかな美しい曲線を描く大屋根とそれを支える巨大な柱は遠くから見ても美しく、ギリシャ神殿を彷彿とさせる。大屋根はまるで空飛ぶ絨毯が舞い降りてきたかのような造形である。ウッツォンは威厳に満ちながらも市民に開かれた新しいモニュメントをクウェートにつくり出した。

その構成は4つの空間――屋根のある広場、議事堂、会議場、モスクからなる。ウッツォンはこの複合施設の中央に通路を設け、すべての施設をその通路沿いに配置した。それらは異なるヴォリュームで構成されており、それぞれ小さな中庭を持つ。アラブの人たちにとって中庭は憩いの場として欠かせない存在であった。やはり丹下健三も《駐日クウェート大使館》で中庭を設けるが、それは垂直方向に重ねる配置としている。ウッツォンは時代とともに建物が変化することを考慮し、建物が増殖し中央通路からどんどん広がっていくイメージをコンセプトとした。それはイスラム国家にあるバザール建築がどんどん拡張していく姿を重ねていた。さらにウッツォンがこだわったのは、大屋根のある広場である。アラブでは指導者が絶対的な権力を持ち、市民とフラットに交流する機会はほとんどない。そこでウッツォンは大きな日よけのためのスペースをつくり、そこを指導者と市民が交わる場とした。

息子との協働　2つのこだわり

ウッツォンのふたりの息子ヤンとキム。長男ヤンは主にアフリカなど第三国のプロジェクトを中心にかかわり、次男キムは家具のショールーム《パウスチャン》（1987）、《ウッツォン・センター》（2008）などデン

クウェート国会議事堂

パウスチャン

マーク国内にある商業施設や文化施設を中心に担当している。《キャン・リス》以降のウッツォンは、以下の2つに対し以前に増してこだわるようになった。ひとつは自然光をできるだけ室内に取り入れようとトップライトやハイサイドライトを設けること、もうひとつは中庭を設けることである。ウッツォンは《キャン・リス》で試みた、屋内外を行き来するオープンスペースを中庭型の施設に置き換え、展開するようになった。

《ウッツォン・センター》

これはヨーン・ウッツォンの最晩年の作品であり、上記の2つのこだわりを実現している。次男キムは「ウッツォン・アソシエイツ」の一員としてこの設計に協働した。建設地のオールボーはヨーン・ウッツォンが幼少の頃、家族と暮らした地である。ウッツォンの名を冠した展示施設はこのゆかりのある地が選ばれた。ウッツォンは2008年5月の竣工記念のオープニングパーティに出席し、同年11月に他界したので、これが実質上の遺作となった。

銀色に輝く屋根がしなやかな曲線美を誇り、太陽に向かって開けられたハイサイドライトの窓が小気味よく並ぶデザインが特徴である。ハイサイドライトの仕組みは晩年の作品に共通したデザインである。例えば《スケーエン地峡・ネイチャー・センター》(1989)でも同様のデザインが屋根の上に煙突のように並んでいる。

《ウッツォン・センター》には父親が所有していたヨットを常設展示するためのスペースを設けた。それ以外にも企画展示室、国際会議やシンポジウムのための多目的ホール、レストランやショップなどが併設されている。また現在、建物の一部がオールボー大学の建築デザインスタジオとなっている。建物内部に入ると、中庭型の建物配置であることに気づく(P.132-133参照)。

マヨルカ島での暮らし
《キャン・フェリス》

> 「この住宅を建てるにあたって、自然との関係を明確に捉え直した。そして自分が本当に作りたいものにすべての労力を注ぐことにした」

(ウッツォンの言葉、ヘンリク・ステン・モラー
「living Architecture」14号、1995)

スケーエン地峡・ネイチャー・センター

家族の写真。右よりウッツォン、妻リス、長女リン、次男キム、長男ヤン

ウッツォン夫妻はデンマークと行き来しながら、《キャン・リス》での暮らしを満喫していたが、年をとるにつれ、外部と内部を行き来する分棟形式に不都合を感じるようになっていった。冬は寒い中、屋外を通って移動しなければならず、夏は地中海のまばゆい光が目を刺激するようになった。老齢の夫妻はしだいに不自由さを強く感じるようになっていった。また、観光客が四季を問わず突然訪ねてきたり、無断で敷地に侵入したりすることもあとを絶たなかった。プライバシーを侵害されることに嫌気がさしたに違いない。実際、私が滞在しているときも、とても不便でならなかった。雨の日は傘をさして住棟間を移動しなければならず、また泥棒にも注意しなければならないため、いちいち鍵をかけなければならなかった。勝手に敷地に入ってきた観光客と出くわしたり、窓の外から室内を覗かれることも度々あった。

　ウッツォン夫妻は金婚式の記念に「幸福の家＝The house of happiness」と名づけ、別名《キャン・フェリス》を建てることにした。その敷地は以前購入していた山の中腹にある見晴らしの良い土地だった。ここなら観光客が訪れることもなく、静かに暮らすことができると考えたのだ。不便な敷地だったが、建設現場へ何度も通い、家の設計を進めた。「ローマのサン・ピエトロ大聖堂についてのあらゆる本を読むより、（建設現場で）1時間過ごすほうが建築家にはためになる」と語り、建設作業を行う職人に配慮し、運搬可能なサイズの素材を用いることにした。出来上がった《キャン・フェリス》をウッツォンは「偉大なる簡潔さ」を持ち、「寺院のような空間」と称した。妻リスの希望で、すべての居室を内部化し、外部との行き来をなくした。晩年は誰にも邪魔されないふたりだけの静かな時間をここで過ごした。そして《キャン・リス》は長女リンに委ねられ、彼女の芸術活動の場に変わった。

オペラハウスへの想い

　ヨーン・ウッツォンの人生を大きく変えた《シドニー・オペラハウス》。この素晴らしい建築は都市の中の彫刻ともいうべき造形で、シドニー湾に突き出たベネロングポイントの岬の先端に立っている。その美しい姿は建築関係者でなくとも、見る者の心を

キャン・フェリス　リビングで横になるウッツォン夫妻

キャン・フェリス　ウッツォンとゲスト

119

激しく揺さぶる。威風堂々とした姿は、シドニーの新しいランドマークとなった。現在《シドニー・オペラハウス》は、シドニー交響楽団、オペラ・オーストラリア、オーストラリアン・バレエの本拠地となっており、定期公演が数多く開催されている。そのほか、音楽や演劇、オペラ、コンサート、ミュージカルなど、多彩なパフォーマンスが毎晩行われている。年間約3,000近いイベントが上演され、シドニーの芸術拠点となっているだけでなく、観光の目玉として多くの人を魅了している。夜になれば白く湾曲した壁面にプロジェクション・マッピングが投影され、カラフルにライトアップされた姿に変わる。

このように人々から愛される《シドニー・オペラハウス》は、2007年ユネスコの世界遺産に登録された。その後、ウッツォンの原案に復元する大掛かりな改修プロジェクトが立ち上がり、すでに地下にある3つのミニシアターのホワイエ部分は、ウッツォンの原案に戻している。ル・コルビュジエから贈られたタペストリーも、ようやくあるべき場所に収められた。

ウッツォンはオペラハウスのオープニングに出席しなかった。そして世界遺産に登録された際も、息子ヤンが代理出席している。ヤンは、

「父はもう高齢で長時間の飛行機のフライトでオーストラリアに来ることはできません。しかしオペラハウスの生みの親なので、その姿を見たいと思えば、目を閉じれば頭に思い描くことができるのです」

と語った。ウッツォンの想いはいつまでもオペラハウスに繋がっているのだ。さらに、ウッツォンの言葉として、次のように続けた。

「私がこのオペラハウスを予定通り完成させていたなら、建物全体に流れるような動きを行き渡らせただろう。その建物は音楽のように、今日の建築にはおよそ存在しないもののようになっただろう」

(キャサリン・ブリスベン「The Guardian」2007.10.15より)

ウッツォン家の墓

主要作品

1	Own House
	ヘレベックの自邸

2	Middelboe House
	ミッデルボー邸

3	Kingo Houses
	キンゴー・テラスハウス

4	Sydney Opera House
	シドニー・オペラハウス

5	Bagsværd Church
	バウスヴェア教会

6	Utzon Center
	ウッツォン・センター

1 Own House
ヘレベックの自邸

❶ なだらかな丘陵に建つ本
❷ エントランスにでるアプローチ
❸ プラットフォーム
❹ 開放的なカフェの内部
❺ ル・コルビュジエから贈られたタペストリー
　（複製）のある書斎
❻ 書斎

所在地／デンマーク、シェラン島
用途／個人住宅
竣工年／1952年
設計／ユッツォン

123

2 Middelboe House
ミッデルボー邸

❶ 居間からのぞむミッテルホール
❷ 居間
❸ 奥の谷みをのぞむ
❹ テラス

所在地：デンマーク、ホルテ
用途：個人住宅
竣工年：1953年
公開：非公開

3 Kingo Houses
キンゴー・テラスハウス

①
②
③
④
⑤
⑥

4 Sydney Opera House
シドニー・オペラハウス

1. 階段から眺めたシドニー・オペラハウス
2. 水辺からの眺め
3. ライトアップされた様子
4. 内部の構造体
5. コンサートホールへ向かう階段
6. 大海を憂いでタイル

③

⑤

所在地：オーストラリア、シドニー
用途：文化施設
竣工年：1973年
公開：公開

5 Bagsværd Church
バウスヴェア教会

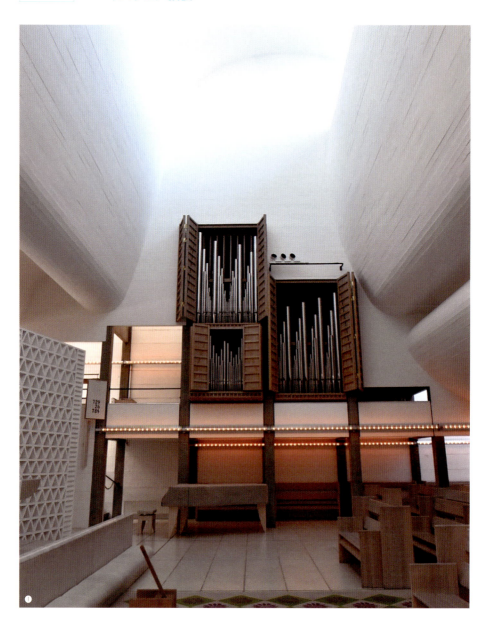

❶ パイプオルガンのある礼拝堂
❷ 外観
❸ 天井しある採光窓
❹ 平板から出来た天井
❺ 礼拝堂

所在地：モキンマーグレーテスロウリア
用途：教会
設立年：1965年
設計：ヨーン

131

6 Utzon Center
ウッツォン・センター

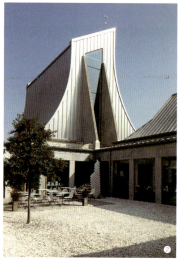

❶ 外観
❷ 中庭から見た外観
❸ 外観
❹ 展示室のトップライト
❺ ヨットのある展示室の空間
❻ 中庭

所在地：デンマーク、オールボー
用途：文化施設
竣工年：2008年
公開：公開

実測寸法 1

- リビング

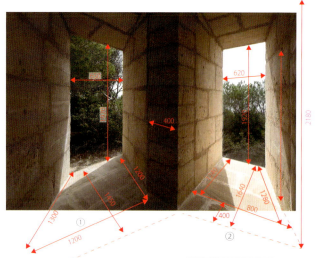
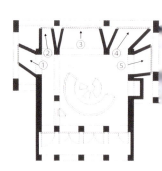

リビング キープラン

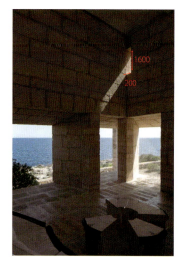

実測寸法2

- 寝室　①リス
　　　②ウッツォン

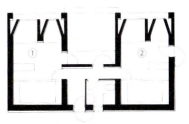

寝室　キープラン

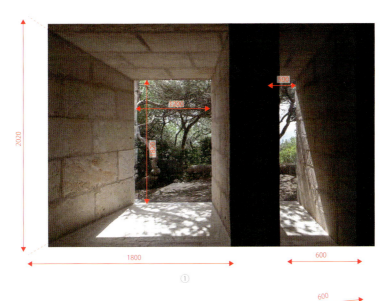

①

②

実測寸法 3

- スタジオ

スタジオ　キープラン

- 三日月、半月の孔とテーブル

主 な 作 品

1952　スヴァネの給水塔　(デンマーク、ボーンホルム島)
1952　ヘレベックの自邸　(デンマーク、ヘレベック)
1953　ランゲリーニ・パヴィリオン コンペ 3等　(実現せず)
1955　ミッデルボー邸　(デンマーク、ホルテ)
1957　シドニー・オペラハウス　コンペ 1等
1958　キンゴー・テラスハウス　(デンマーク、ヘルシングア)
1963　フレデンスボー集合住宅　(デンマーク、フレデンスボー)
1969　プレハブ工法エスパンシヴァ・ハウス　(デンマーク、ヘレベック)
1970　ヘアニン・スクール・プロジェクト・ハウス　(デンマーク、ヘアニン)
1972　キャン・リス　(スペイン、マヨルカ島)
1973　シドニー・オペラハウス　(オーストラリア、シドニー)
1976　バウスヴェア教会　(デンマーク、バウスヴェア)
1982　クウェート国会議事堂　(クウェート) *長男ヤンとの共同
1987　パウスチャン家具ショールーム　(デンマーク、コペンハーゲン) *次男キムとの共同
1989　スケーエン地峡・ネイチャー・センター　(デンマーク、スケーエン) *長男ヤンとの共同
1994　キャン・フェリス　(スペイン、マヨルカ島)
2008　ウッツォン・センター　(デンマーク、オールボー) *次男キムとの共同

＊竣工順

ヨーン・ウッツォンの略歴

1918	デンマーク・コペンハーゲン生まれ
	その後、オールボーへ移住
1937	デンマーク王立芸術アカデミー入学　カイ・フィスカーらに師事
1942	デンマーク王立芸術アカデミー卒業　ゴールド・メダル受賞
	リス・フェンガーと結婚
	トビアス・ファイバーとスウェーデンに渡る
	ハーコン・アールベリの事務所で働く
	アルネ・コルスモらと出会う
1944	長男ヤン誕生
	スウェーデンの茶室《瑞暉亭》を訪ねる
1945	フィンランドのアルヴァ・アアルトの事務所で働く
	デンマーク帰国
1946	長女リン誕生
1947	モロッコ、フランス旅行
1949	助成金を得て、アメリカへ渡る
	フランク・ロイド・ライト、ミース・ファン・デル・ローエ、エーロ・サーリネンらに出会う
	コルスモ夫妻とメキシコ旅行
1950	デンマークへ帰国
	独立して事務所を設立
1952	《ヘレベックの自邸》
1953	第3回CIAM会議に出席
1957	《シドニー・オペラハウス》の設計競技で1等になる
	日本、オーストラリア、アメリカ旅行
	次男キム誕生
1958	マヨルカ島を訪れる
1962	シドニー郊外のベイビューに自邸のための土地を購入
1963	家族全員でオーストラリアに移住
1966	《シドニー・オペラハウス》の建設途中で設計者から外される
	日本旅行
1967	デンマーク王立芸術アカデミー　C.F.ハンセン賞
1968	マヨルカ島への移住を決める　《キャン・フェリス》の土地を購入
1970	《キャン・リス》の土地を購入
1971	ハワイ大学で教鞭をとる
1972	《キャン・リス》に移住
1973	《シドニー・オペラハウス》完成
	オーストラリア王立建築家協会（RAIA）ゴールド・メダル受賞
1975	長男ヤンとウッツォン・アーキテクツ創設
1978	英国王立建築家協会（RIBA）ゴールド・メダル受賞
1982	フィンランド建築家協会　アルヴァ・アアルト賞受賞
	長男ヤン、次男キムとウッツォン・アソシエイツ創設
1985	オーストラリア勲章
1992	オーストラリア王立建築家協会　ジョン・サルマン卿賞受賞
1994	《キャン・フェリス》に移住
1995	長女リンが《キャン・リス》に移住
2003	プリツカー賞受賞
	シドニー大学名誉博士号
2005	次男キムが《キャン・リス》を所有
2007	《シドニー・オペラハウス》が世界遺産に登録される
2008	ヘレベックにて没
	ウッツォン財団が《キャン・リス》を所有
2011	《キャン・リス》改修工事
2012	ウッツォン財団が建築家や芸術家に向け、《キャン・リス》滞在のアワード募集開始

図 版 出 典

Aalborg City Archives	カバー裏、表紙裏、3、11、27（下）、69（下）
James Jack	10（上）
Jan Utzon	118（右）
John Pardey	17、18-19、23、38、39
Utzon Archives	カバー裏袖、7、9、27（上）、31、35（上）、36、69（上）、73（中・下）、103、107、110、111、112、113、114、115、116、117（左）、119、137
ケン・タダシ・オオシマ	108（左）
多田脩二	108（右）
土居義岳	109（左）
和田菜穂子	45（左下）、47、61、73（上）、81、85、89、94、95、104、105、106、117（右）、118（左）、120、122-123、124-125、126-127、128-129、130-131、132-133、

上記以外の写真は、山田新治郎

参 考 文 献

原広司『建築に何が可能か』学芸書林、1967／三上祐三著『シドニーオペラハウスの光と影 — 天才建築家ウツソンの軌跡』彰国社、2001／ケネス・フランプトン著、松畑強、山本想太郎訳『テクトニック・カルチャー 19-20世紀建築の構法の詩学』TOTO出版、2002／佐藤直樹、フェリックス・クレーマー編『展覧会図録 ヴィルヘルム・ハンマースホイ 静かなる詩情』日本経済新聞社、2008／ケネス・フランプトン著、中村敏男訳『現代建築史』青土社、2003／ケネス・パウエル著、井上廣美訳『世界の建築家図鑑』原書房、2012／小林克弘監修『プリツカー賞：受賞建築家は何を語ったか』丸善出版、2012／和田菜穂子著『北欧モダンハウス：建築家が愛した自邸と別荘』学芸出版社、2012／a+u 都市と建築 2013年3月臨時増刊『キャン・リス ヨーン・ウッツォンのマヨルカ島の家』エー・アンド・ユー、2013／三分一博志著『三分一博志 瀬戸内の建築』TOTO出版、2016／ピーター・ジョーンズ著、渡邉研司訳『オーヴ・アラップ 20世紀のマスタービルダー』東海大学出版部、2017 ／ Philip Drew, Jørn Utzon, *Sydney Opera House: Sydney 1957-73 Jorn Utzon (Architecture in Detail)*, Phaidon Inc Ltd, 1995 ／ Richard Weston, *Utzon: Inspiration, Vision, Architecture*, Hellerup: Edition Blondal, 2002 ／ John Pardey, Jørn Utzon, *JORN UTZON LOGBOOK vol.3 Two Houses on Majorca*, Hellerup: Blondal ,2004 ／ Mogens Prip-Buus, Jørn Utzon, *JORN UTZON LOGBOOK vol.1: The Courtyard Houses*, Hellerup: Edition Blondal ,2004 ／ Henirk Sten Moller, Vibe Udsen, *Jorn Utzon: Houses*, Copenhagen: Frances Lincoln Ltd, 2006 ／ Kjeld Kjeldsen, Michael Juul Holm, Mette Marcu, *Jorn Utzon: The Architect's Universe*, Esbejerg：Louisiana Museum of Modern Art, 2008 ／ Martin Keiding, *A tribute to Jorn Utzon*, Copenhagen: Arkitektens Forlag,2008 ／ Felix Krämer, Naoki Sato, et al, *Hammershoi*, Ordrupgard : Royal Academy of Arts, 2008 ／ Stig Matthiesen, Bente Jensen, Thomas Mølvig, *Utzon & Utzon Center Aalborg : The joy is not in owning- but in creating*, Aalborg: Utzon center A/S, 2011 ／ Michael Asgaard Andersen, *Jorn Utzon: Drawings and Buildings*, New York: Princeton Architectural Press, 2014 ／ Hiroshi Sambuichi, *Sambuichi Kaze Mizu Taiyo*, Forlaget Cisternerne, 2018

おわりに

小さな幸福　大きな友情

メーテルリンクの童話「青い鳥」。クリスマス・イヴに夢を見たチルチルとミチルは、翌朝幸せの象徴「青い鳥」を探しに旅立った。

今思い返せば、私は「青い鳥」を探しにマヨルカ島へ出かけた旅人だった。2016年4月、デンマーク芸術財団およびウッツォン財団より研究助成を受け、《キャン・リス》滞在の機会を得た。それは私の長年の夢であった。北欧建築、特に住宅を研究していた私は、ヨーン・ウッツォンを研究対象にしており、このチャンスを逃すまいと一大決心をして、当時勤めていた大学の特任教員を辞めることにした。《キャン・リス》にはきっと私の求める「青い鳥」がいるのではないかと期待に胸を膨らませて旅立った。

《キャン・リス》は光に満ちた家だった。それまで多忙だった東京での日々、自分のことが精一杯で、周囲を見渡す心の余裕をなくしていた。しかし《キャン・リス》の目の前には紺碧の海が広がり、水平線を見渡せ、いろんなものが地中海のまばゆい光に晒されていた。次第に私の心の視野も広がっていき、人間らしさを取り戻していった。

　ある時、中庭で本を読んでいると、いつも同じ鳥がやってきていることに気づいた。青色の鳥ではなかったが、つ

がいの彼らは近くの木に巣づくりを始めていた。その日以来、私は彼らの巣づくりの様子を見守るのが日課となった。ささやかな幸福を感じるひとときだった。

《キャン・リス》はウッツォンがセルフビルドで建てた石づくりの家である。想像以上に禁欲的な空間だった。まるで中世ロマネスクの修道院のようであった。水道水が飲めず、ミネラルウォーターを必要とした。私はいつも冷蔵庫の中身を確認しながら、水と3度の食事のことばかり考えていた。テレビがなかったので、世の中で何が起こっているのか、皆目見当がつかなかった。たとえていうならここは竜宮城の世界に近い。滞在期間が長くなるにつれ、水と食料さえあれば、何も要らないと思うようになった。悟りの境地である。そして本質的なものが見えてくるようになった。「人生において本当に必要なものは何か」。

必要最低限の暮らしから見えてきたこと。それは共に過ごすパートナーの必要性である。ウッツォンにとってそれは妻であり、家族であった。私は《キャン・リス》では孤独だった。ひとりで暮らすには広すぎる敷地。昼はよくても、夜は早々に布団にくるまり、朝のおとずれをじっと待った。何に怯えていたのか。闇は何か得体の知れない魔物の存在を浮かび上がらせる。それは心に棲む邪気なのかもしれない。孤独、闇、恐怖心と戦い、ひとりで生きていく心の修練の場になったと思う。

日本から友人が来てくれた時は心の底から嬉しく思った。写真撮影を快く引き受けてくれた山田新治郎氏。水や食料

を調達してくれた山田卓矢・石田潤夫妻と岩岡竜夫夫妻。崖下の洞窟まで行ってくれたジェームス・ジャック夫妻。友人のありがたみが身に沁みた。

　「幸せとは何か」。その象徴とされる「青い鳥」は決して特別なものではなかった。それはきっと水や空気のようなもので、身近にあって当たり前すぎて気がつかないことが多いのだろう。私にとって「友情」はそのひとつである。「健康」もそうだ。《キャン・リス》での生活を通じ、ウッツォンが大切にしていたものを理解することができたと思う。

最後に、出版助成を与えてくれた鹿島美術財団に心から感謝申し上げたい。また辛抱強く原稿を待ってくれた彰国社の鈴木洋美氏には、予定を大幅に遅れての出版になってしまい、お詫び申し上げたい。その他ここには名前を挙げないが、たくさんの人たちに支えられてきた。友人は一生の宝であり、本書も山田氏との大きな友情の賜物である。

　　　　　　　　　　　　　　　　　　　　　　和田菜穂子

2度目のウッツォン

　私がウッツォンの建築撮影に関わるのは、この《キャン・リス》が2度目になる。

　最初の機会は、写真家村井修が、2000年に《シドニー・オペラハウス》を撮影する際の助手としてであった。10日間、ひとつの建物に全身の力をふりしぼって撮影する師匠村井の写真に対する向き合い方を脳裏に焼き付けた。それらの写真は、三上祐三著作の『シドニーオペラハウスの光と陰』（彰国社）としてまとめられた。

　そして今回、2016年の4月、《キャン・リス》を撮影する機会を得た。私は、写真家としてすでに独立していたが、海外の著名建築家の住宅に直接5日間滞在しながら撮影することは初めての体験だった。それがウッツォンの建築だということに改めて縁を感じた。ひとつの建物の空間と光をどのようにカメラへ写しこめるか、私自身がどこまで写真と向き合っていけるか、自分としても模索しながらの撮影だった。

　滞在最初の2日間は、あいにく天候があまり良くなかった。その後、天候が回復すると、空間の陰影をより意識して撮影することができた。毎朝、日の出を待ちながらひとり暗闇の崖っぷちをロケハンし、その日1日の光を楽しみにしながらの撮影であった。

　《キャン・リス》の撮影の機会を与えてくれた和田さんに感謝するとともに、師匠村井が魂を込めて撮影した本と同じ彰国社からこの本を出版できる喜びも感じている。

山田新治郎

和田菜穂子（わだ・なほこ）

建築史家、博士（学術）。新潟生まれ。一般社団法人東京建築アクセスポイント代表理事。青山学院大学卒業、慶應義塾大学大学院政策・メディア研究科院修了。2006-08年デンマーク政府奨学生としてコペンハーゲン大学留学。東北芸術工科大学、東京藝術大学等に勤務。現在、慶應義塾大学および中央大学非常勤講師。主な著書に『アルネ・ヤコブセン』『北欧モダンハウス』（以上、学芸出版社）、『北欧建築紀行』（山川出版社）、『アルヴァ・アアルト　もうひとつの自然』（国書刊行会）。http://www.nahoko-wada.com

山田新治郎（やまだ・しんじろう）

写真家。1969年東京生まれ。東京工芸大学短期大学部卒業。写真家 村井修氏に師事。ドイツに3年間滞在後、スタジオ村井を経て、2003年よりフリーランスの写真家として建築写真を中心に活動。ライフワークとして、祖父の建築家山田守が設計し現存する建築を撮影している。主な著書に『建築家山田守作品集』東海大学出版会、『住宅の手触り』松井晴子（文）山田新治郎（写真）、扶桑社

装丁・本文デザイン　榮元正博
組版　　　　　　　　スタヂオ・ポップ

本書は、鹿島美術財団の出版助成を受けたものです。

ウッツォンの窓の家　マヨルカ島の《キャン・リス》をめぐる断章
2019年6月10日　第1版　発　行

著　者	和田菜穂子・山田新治郎
発行者	下　出　雅　徳
発行所	株式会社　彰　国　社

著作権者との協定により検印省略

自然科学書協会会員
工学書協会会員

Printed in Japan
ⓒ 和田菜穂子・山田新治郎 2019年

162-0067 東京都新宿区富久町8-21
電話　03-3359-3231（大代表）
振替口座　00160-2-173401
印刷：三美印刷　製本：誠幸堂

ISBN 978-4-395-32136-0　C3052　　http://www.shokokusha.co.jp

本書の内容の一部あるいは全部を、無断で複写（コピー）、複製、および磁気または光記録媒体等への入力を禁止します。許諾については小社あてにご照会ください。